Entzaubertes Bundeskanzleramt

Klaus Seemann

Entzaubertes Bundeskanzleramt

Denkwürdigkeiten
eines
Personalratsvorsitzenden

vpa
Verlag politisches Archiv GmbH

Deutsche Originalausgabe
Umschlagentwurf: G. Raphelt

1. Auflage Oktober 1975
© 1975 by vpa gmbh, Landshut
Alle Rechte vorbehalten
Verlag politisches Archiv GmbH, 83 Landshut
Abbildungen © 1975 by vpa gmbh und beim Autor
Gesamtherstellung: vpa gmbh, Landshut
Gesetzt aus der New Times

Printed in Western Germany
ISBN 3 921240 53 0

Dem unbekannten Bediensteten
des Bundeskanzleramtes,
der – getreu seinem Diensteid –
in all den Jahren seine Pflicht
für das deutsche Volk erfüllt hat.

Der Autor

Klaus Seemann: »Niemand ist verpflichtet, für sein Land zu lügen.«

Dipl. rer. pol. Dr. jur. Klaus Seemann, Jahrgang 1925. Humanistisches Gymnasium in Beuthen/Oberschlesien. Im Kriege Fahnenjunker-Unteroffizier der Reserve. Amerikanische Kriegsgefangenschaft. Studium der Rechts- und Wirtschaftswissenschaften an den Universitäten Breslau und Erlangen sowie der Hochschule für Wirtschafts- und Sozialwissenschaften in Nürnberg. 1953 Zweite juristische Staatsprüfung in München, 1954 Diplomprüfung für Volkswirtschaft in Nürnberg. 1956 Landgerichtsrat am Landgericht Nürnberg-Fürth. Eintritt in das Bundeswirtschaftsministerium. 1959 Oberregierungsrat. 1961 bis 1964 Kabinettreferent und »Leitender Beamter« beim Bundesminister für besondere Aufgaben und Vorsitzenden des Bundesverteidigungsrates Dr. Heinrich Krone. 1962 Ministerialrat. Seit 1964 Referent im Bundeskanzleramt und seit Ende 1965 Vorsitzender des Personalrates im Bundeskanzleramt.

Mehr als 60 Veröffentlichungen über Kartellrecht, Entwicklungspolitik, Landesverteidigung und Regierungs- und Verwaltungsreform.

Monographien: »Die Verwaltungspraxis des Bundeskartellamtes zu den höher-stufigen Rationalisierungskartellen nach § 5 Abs. 2 und 3 GWB«, Köln-Opladen 1961; »Wie sicher ist die Bundesrepublik? – Zur Interdependenz von Forschung, Wachstum und Verteidigung«, Köln 1967; »Neue integrierte Managementsysteme in Regierung und Verwaltung«, Köln 1970; »Modernes Managementsystem in Regierung und Verwaltung – Reformperspektiven für die Bundesrepublik«, Köln 1971; »Planungsprobleme in der Bundesregierung der sozial-liberalen Koalition«, Köln 1971; »Managementprobleme für die politische Führung in der industriellen Gesellschaft«, Köln 1973; »Das Verhältnis von Aufgabenplanung und Finanzplanung in einer Planungskonzeption für Regierung und Verwaltung«, Bonn 1973; »Managementperspektiven für die öffentliche Verwaltung«, Bonn 1974; »Politische Planung in der parlamentarischen Opposition«, Würzburg 1974.

Berater der Bundesakademie für öffentliche Verwaltung im Bundesministerium des Innern zu Fragen moderner Managementsysteme, Teilnahme an zahlreichen Seminaren der Bundesakademie für öffentliche Verwaltung, des Civil Service College in Sunningdale Park (England) und des Europa College in Brügge (New Techniques on Public Administration, 1969).

Inhaltsverzeichnis

Vorwort 11

Erster Teil:
**Erlebte Mitbestimmung
im Dilemma der Regierungsreform**

I. Ludwig Erhard
Das Problem
– Muß unsere politische Maschinerie
umkonstruiert werden? – 13

II. Kurt Georg Kiesinger
– Tastende Versuche und Konzepte –
Das Konzept eines »Planungsstabes«
im Bundeskanzleramt 21
Der Untergang des Planungsstabes
im Bundeskanzleramt 27

III. Willy Brandt
– Das fehlgeschlagene Experiment –
1. Die Zerstörung der psychologischen
Grundlagen 33
2. Was bedeutet Strukturreform 38
3. Unzureichende Konzepte und Maßnahmen 44
4. Die isolierte Fortbildung 54

IV. Helmut Schmidt
– Überwindung der Talsohle? –
– Ein neuer Ansatz? –
Die Motivation der Amtsangehörigen 63
Die Praktizierung des neuen
Bundespersonalvertretungsgesetzes 74

Zweiter Teil:
**Der Spionagefall Günter Guillaume
im Bundeskanzleramt**

1. Die politische Bedeutung der Affäre
Guillaume 83
2. Die allgemeine personalpolitische Situation im
Bundeskanzleramt um die Jahreswende 1969/1970 .. 101
3. Das Einstellungsverfahren Günter Guillaume 115
4. Die Sicherheitsüberprüfung 136
5. Günter Guillaumes Karriere im Bundeskanzleramt 147
6. Die Folgerung 158

Dritter Teil:
**Der »Politische Terrorismus« wird für den
Personalrat ein Problem** 163

Vierter Teil:
**Mitbestimmung als Problem
behördeninterner Machtverteilung**

1. Strategie und Taktik christlich-demokratischer
Amtsleitungen 187
2. Strategie und Taktik sozialdemokratischer
Amtsleitungen 191

Vorwort

Als Friedrich der Große im Jahre 1775 die ersten Fassungen seiner früheren Denkwürdigkeiten überarbeitete und der neuen Fassung den kühnen und stolzen Titel »Geschichte meiner Zeit« gab, schrieb er in dem Vorwort: »Da mein Buch für die Nachwelt bestimmt ist, bin ich von dem Zwange befreit, die Lebenden zu schonen und gewisse Rücksichten zu nehmen, die mit dem Freimut der Wahrheit unvereinbar sind. Ich werde rücksichtslos und ganz laut sagen dürfen, was man sonst nur im stillen denkt. Ich werde die Fürsten schildern wie sie sind, ohne Vorurteil für meine Verbündeten und ohne Haß gegen meine Feinde.«

Obwohl mein Buch nicht für die Nachwelt bestimmt ist, habe ich mich an den Satz des großen französischen Staatsdenkers und Zeitgenossen Friedrichs des Großen Montesquieu gehalten: »Jeder Staatsbürger ist verpflichtet, für sein Land zu sterben; niemand ist verpflichtet, für sein Land zu lügen«; denn mit meinem Buch möchte ich einen bescheidenen Beitrag zum besseren Verständnis der Mitbestimmung und ihrer Probleme liefern. Die Diskussion um die Mitbestimmung ist in den letzten Jahren fast ausschließlich von dem Thema »Gleichberechtigung von Kapital und Arbeit« beherrscht worden, eine Fragestellung, die es im öffentlichen Dienst nicht gibt, so daß man seitens der Mitbestimmung im öffentlichen Dienst für die allzu starke Betonung dieses Aspektes wenig Verständnis aufbringen kann, da sie manche entscheidende Frage des Mitbestimmungskomplexes verstellt. Wäre das Verhältnis von Kapital und Arbeit wirklich das Zentralthema der Mitbestimmung, so dürfte es eine Mitbestimmung und Personalräte im öffentlichen Dienst nicht geben. Trotzdem sind sie vorhanden. In meiner 10jährigen Praxis als Personalratsvorsitzender des Bundeskanzleramtes habe ich die Erfahrung gemacht, daß es jenseits allen ideologischen Geschwätzes die vornehmste Aufgabe eines Personalratsmitgliedes ist, Anwalt der Bedrängten zu sein. Wer sich dieser Aufgabe mit Fleiß und Hingabe widmet, wird bald an sich selbst erfahren, wieviel Seelen- und Charakterstärke die Worte des schlichten Galiläers aus Nazareth erfordert haben: »Kommt her zu mir alle, die ihr mühselig und beladen seid; ich will euch erquicken.«

Die »Denkwürdigkeiten« sind in Abschnitte gefaßt, von denen jeder einen bestimmten Gedanken oder Vorgang im Sachzusammenhang behandelt. Den gesamten historischen Stoff in zeitlicher Abfolge darzustellen, hätte nicht nur zu Schwierigkeiten mit der Personalratsmitgliedern obliegenden Schweigepflicht geführt, sondern auch die Darstellung ungebührlich verlängert. Ähnlich wie in dem Buch des späteren Feldmarschalls Erwin Rommel »Infanterie greift an« persönliche Erlebnisse mit militärtaktischen Überlegungen und Nutzanwendungen verbunden sind, habe ich auch an meine persönlichen Erlebnisse als Personalratsvorsitzender des Bundeskanzleramtes theoretisch-wissenschaftliche Überlegungen angeknüft. Der Abhandlung kommt insoweit ein wissenschaftlicher Charakter zu. Gleichwohl wurde auf einen »wissenschaftlichen Apparat« verzichtet, um das Konzept eines Erlebnisberichtes beizubehalten.

Mein Buch wird nicht überall ungeteilte Freude und Zustimmung auslösen; denn um mit Friedrich Wilhelm Weber in »Dreizehn Linden« zu sprechen:

> »Wahrheit ist ein starker Trank.
> Wer ihn braut, hat wenig Dank.
> Denn der Menge schlaffer Magen
> Kann ihn nur verdünnt vertragen.«

Der beamtenrechtlichen Ordnung halber sei noch vermerkt, daß dieses Buch allein die private Meinung des Verfassers wiedergibt.

Bonn, im September 1975 *Der Verfasser*

Erster Teil

Erlebte Mitbestimmung im Dilemma der Regierungsreform

I.
Ludwig Erhard

Das Problem
Muß unsere politische Maschinerie
umkonstruiert werden?

Wer heute die Frage nach dem derzeitigen Stand der Regierungsreform stellt, nach einem Problem, das auch die USA und andere Staaten Westeuropas seit mehr als einem Jahrzehnt bewegt, dürfte in unseren derzeitigen politisch maßgebenden Kreisen auf ein weitgehendes Unverständnis stoßen; denn um die Frage der Regierungsreform ist es in den letzten Jahren stiller und stiller geworden. Während noch vor wenigen Jahren die Beantwortung der Frage »Wie wird regiert?« in ihrer Bedeutung vielfach als gleichrangig mit der Frage »Wer regiert?« angesehen wurde, scheint in der Gewichtung der Regierungsprogramme der Zenit der Regierungsreform seit der Regierungserklärung vom 28.10.1969 überschritten zu sein. Dort wurde noch unter Ziffer V »Reformpolitik« ausgeführt: »Das Bundeskanzleramt und die Ministerien werden in ihren Strukturen und damit auch in ihrer Arbeit modernisiert.« Haben nun die bisherigen Reformbemühungen in eine Sackgasse geführt, aus der herauszukommen und mit anderer Weichenstellung fortzufahren nur sehr schwer oder gar nicht möglich erscheint? Haben Fehlschläge zur Ernüchterung oder Entmutigung geführt oder war die Frage der Regierungsreform, seit Bundeskanzler Ludwig Erhard im März 1966 wenige Monate vor seinem Sturz von der Notwendigkeit einer Umstrukturierung unserer politischen Maschinerie sprach, nur ein Scheinproblem, mit dem sich die Kabinette Erhard, Kiesinger und Brandt unnötig herumgeschlagen haben?

Wenn ich im folgenden versuchen möchte, Antworten auf die von mir aufgeworfenen Fragen zu formulieren, so möchte ich bei der Bestandsaufnahme, dem bisherigen Weg und der Bilanz der Regierungsreform die Vergangenheit aus dem Gesichtswinkel des Personalratsvorsitzenden des Bundeskanzleramtes, also dem der Mitbestimmung, betrachten.

Diese Funktion habe ich seit dem Winter des Jahres 1965/66 ausgeübt, also in einer Zeitspanne, in der sich die Bemühungen um eine Regierungsreform abgespielt haben. Insofern trifft der Satz eines August Bebel, »Nur wer die Vergangenheit kennt, wird die Gegenwart verstehen.« auf mich zu. Die hier gewählte Perspektive bringt einige Besonderheiten der Darstellung mit sich; denn die Welt der Amtsleitung im psychologischen Sinne ist nicht die Welt der in dem Amt Beschäftigten. Die Vogelperspektive der Amtsleitung ist auch in Fragen der Regierungsreform nicht identisch mit der Perspektive der Beschäftigten. Dies gilt auch für die Perspektive der Personalvertretung. Wer diese grundlegende Tatsache übersieht, verschließt seine Augen auch vor der Erkenntnis, daß es zu einer erfolgreichen Reform nicht nur eines durchdachten und brauchbaren Konzeptes, sondern auch einer Reformstrategie zur Einführung der Neuerungen bedarf, die nur dann auf einen fruchtbaren Boden fallen, wenn sie von einer positiven Motivation der Betroffenen getragen und nicht von vornherein von ihnen bekämpft werden. Wer, wie ich, als sozialer Gegenspieler der

Entzaubertes Bundeskanzleramt 15

jeweiligen Amtsleitung des Bundeskanzleramtes die Reformbemühungen der letzten 9 Jahre erlebt hat, wird sich nicht des Eindruckes erwehren können, daß unter allen Kabinetten von Ludwig Erhard bis Willi Brandt die Reformbemühungen einen einseitigen »technological approach«, also einen einseitigen technologischen Denkansatz hatten und menschliche Gesichtspunkte, also insbesondere solche psychologischer und soziologischer Art, so gut wie gar keine Rolle gespielt haben, obwohl nur ein Zusammenwirken beider zu einem Erfolg hätte führen können. Im übrigen wird sich niemand, der die Vergangenheit aufmerksam durchforstet, des Eindruckes erwehren können, daß man zunächst in der Reformproblematik von Bundeskanzleramt und Bundesministerien nur die Spitze eines Eisberges sah, der im Verlauf der Jahre in immer umfangreicheren Dimensionen aus dem Ozean der Probleme unserer im Wandel befindlichen Gesellschaftsordnung emportauchte und damit zu einer immer größeren Perspektive zwang, welche die gerade ergriffenen Maßnahmen als unzulänglich erscheinen ließ.

Als im März 1966 Ludwig Erhard neben der »Formierten Gesellschaft« auch von der Notwendigkeit der Umstrukturierung unserer politischen Maschinerie sprach, glaubte man den Umfang des Reformproblems auf wenige Punkte beschränken zu können. Neben der Leistungsfähigkeit der Kabinettausschüsse spielte in den damaligen Überlegungen das Bundeskanzleramt die Hauptrolle. Professoren, Journalisten, Politiker und auch hohe Beamte warfen die Frage auf, ob das Bundeskanzleramt, das eher einem Sekretariat des Bundeskanzlers als einem modernen Führungsstab gleiche, so ausgerüstet sei, daß es die notwendigen politischen Entscheidungen so vorbereiten könne, wie es eigentlich sein müßte. Man zweifelte an Arbeitsfähigkeiten und Arbeitsmethoden des Amtes. Das Bundeskanzleramt sollte auf der einen Seite kein Superministerium werden, auf der anderen Seite in seiner Position aber doch so gestärkt werden, daß es

Bundeskanzler Ludwig Erhard mit dem Autor. »Väterliches Wohlwollen«.

nach der Art moderner Führungsstäbe organisiert und geführt werden könne. Dazu sollten dann auch moderne Rechenmaschinen und Fachleute anderen Stils mit anderer Arbeitsteilung treten, als wie sie in den Ministerien vorhanden waren und nach der üblichen Beamtenausbildung auch nur vorhanden sein konnten. Ein funktional aufgebauter, nicht mehr an die Ressorts gebundener, sachorientierter Finanzplan sollte die Haushaltseigenständigkeit der Ressorts und damit die Möglichkeit ihrer Initiativen schwächen und die Rolle der Aufstellung von Finanz- und Haushaltsplan gemeinsam von Bundeskanzleramt und Finanzministerium wahrgenommen werden.

Die offenkundige Tatsache, daß kein Amt der Regierung – sei es nun das Bundeskanzleramt oder ein Bundesministerium – jemals stärker sein kann als sein politischer Chef, ein noch so starkes und effizientes Bundeskanzleramt demnach

Entzaubertes Bundeskanzleramt 17

einen politisch schwachen Kanzler also niemals stärker machen kann, als er politisch ohnehin ist, wurde bei diesen Überlegungen ebenso übersehen, wie der Umstand, daß das Bundeskanzleramt ein mit der gesamten sonstigen Exekutivspitze eng verflochtener Teil eines Systems ist, der es nicht gestattet, das Bundeskanzleramt nur allein und für sich zu reformieren, während der restliche Teil der Exekutivspitze, also die Bundesministerien, so bleibt wie er ist. Eine echte Reform des Bundeskanzleramtes würde eine Änderung in der bisherigen Arbeitsteilung von Bundesministerien und Bundeskanzleramt und damit eine Reorganisation der gesamten Exekutivspitze voraussetzen, der ein einheitliches Konzept zu Grund liegen müßte. Auch die spätere Überbewertung der Rolle des Stabes für eine politische Führung, die in der Ära Brandt/Ehmke ihren Höhepunkt erreichte, findet hier ihre Vorformung und ihren Ausgangspunkt. Ein Stab kann seinem Wesen nach nur Hilfsorgan der politischen Führung sein und nicht Ersatz für sie. Bundeskanzler Konrad Adenauer und sein langjähriger Staatssekretär des Bundeskanzleramtes Hans Globke, die beide niemals eine amerikanische Managementschule besucht oder einen militärischen Lehrgang für Truppenführer absolviert hatten, wußten auch so, daß mit den Managern oder Truppenführern der Linienorganisation, also nach unserer Verfassung mit den Ministern und administrativen Staatssekretären und nicht mit dem Hilfsorgan einer organisatorischen Linienstelle, dem Stab, politisch geführt wird. Eine alte Erkenntnis, die sich erst allmählich seit Bundeskanzler Helmut Schmidt wieder durchzusetzen beginnt.

Obwohl Bundeskanzler Ludwig Erhard den Angehörigen des Amtes väterlich wohlwollend gegenüberstand, den Park des Palais Schaumburg allen Amtsangehörigen öffnete und alle Bediensteten zu einer Maibowle in seinen Bungalow einlud, was weder vor noch nach ihm je ein Bundeskanzler getan hat, kümmerte er sich verhältnismäßig wenig um die

Führung des Amtes, die er dem Chef des Bundeskanzleramtes, Bundesminister Dr. Westrick, und den Abteilungsleitern überließ, welche überwiegend noch aus der Ära Adenauer/Globke stammten. Der noch aus dieser Zeit überkommene strenge autoritär-patriarchalische Führungsstil des Amtes ließ eine Beteiligung des Personalrates an derartigen Überlegungen nicht zu, obwohl eine solche Beteiligung auch nach dem damaligen Recht unter dem Gesichtspunkt einer Einführung grundlegend neuer Arbeitsmethoden möglich gewesen wäre. Im Gegenteil, der Personalrat wurde von dem Führungsestablishment des Amtes als Fremdkörper betrachtet, der als lästiges Anhängsel bei derartigen Führungsentscheidungen schon aus grundsätzlichen Überlegungen nicht zu befragen war; denn eine solche Befragung hätte Prestige und Ansehen des Personalrates mehren können. Gerade zu diesem Zeitpunkt hatte die Personalvertretung des Bundeskanzleramtes bei dem Versuch, aus ihrem bisherigen Schattendasein herauszutreten, was zwangsläufig zu einer Änderung der Machtverhältnisse im Amte führen mußte, um Anerkennung und ihre Existenz zu kämpfen.

Dabei kann sich der Personalrat auf das Gefüge informaler Beziehungen im Bundeskanzleramt, kurz die damalige »Informale Organisation« stützen, die inzwischen den patriarchalisch-autoritären Führungsstil im Bundeskanzleramt leid geworden war. Da die informale Organisation ein System persönlicher und sozialer Beziehungen zwischen Menschen ist, die in einer formalen Organisation miteinander leben, findet sich dieses Phänomen nicht nur in den Betrieben der Privatwirtschaft, wo es von Soziologen seit dem Ende der 20er Jahre ausgiebig untersucht worden ist, sondern auch in den Behörden. Da die informale Organisation die formale Organisations- und Autoritätsstruktur durch informale Faktoren überlagert, kann sie beträchtlichen Einfluß ausüben. Doch die informellen Führer dieser informa-

Entzaubertes Bundeskanzleramt

len Organisation, die so viel Ungelegenheiten bereitet und die man im Personalrat vermutet, werden von der beamteten Amtsleitung hart bekämpft. Damit zeigt sich die beamtete Amtsleitung nicht am neuesten Stande soziologischer Forschung orientiert; denn diese Phase der Bekämpfung und Eliminierung der informellen Führer hat die Privatwirtschaft schon lange hinter sich gebracht. Ausgehend von der Überlegung, daß sich auch nach Eliminierung informeller Führer immer wieder neue finden, wenn es die Situation erfordert, vertrat man schon Mitte der 60er Jahre den Standpunkt, daß daher die Ausschaltung der informellen Führer wenig Sinn habe. Besser und vernünftiger sei es daher, die informellen Führer zu aktiver Mitarbeit heranzuziehen.

Der Sturz der Regierung Erhard ließ es nur noch zu einem Referat für politische Planung kommen, das von einem Angehörigen des Pressereferates geleitet wurde. Da der Sturz der Regierung Erhard, beginnend mit dem Rücktritt von Bundesminister Dr. Westrick, in Raten erfolgte und sich über eine längere Zeitperiode hinzog, liefen im Bundeskanzleramt in dieser Zeit nahezu keine Geschäfte mehr. Die Frustration des Amtes und die Unsicherheit der Zukunft schufen ohnehin ein schlechtes Klima für Reformen.

Wir lernen zum erstenmal das Phänomen der »schleichenden Büro-Paralyse« kennen, wo die Vorgesetzten muffig und schwerfällig sind und die Untergebenen nur munter werden, wenn sie insbesondere gegeneinander intrigieren können. Dieses Phänomen sollte uns später durch alle Stadien der Frustration begleiten, insbesondere in den Perioden der sozial-liberalen Regierung, wo die Regierung von einer Landtagswahl zur anderen, von einem abbröckelnden Bundestagsabgeordneten zum anderen dahinsiechte.

II.
Kurt Georg Kiesinger

Tastende Versuche und Konzepte
Das Konzept eines »Planungsstabes«
im Bundeskanzleramt

Der nächste Akt der Regierungsreform beginnt mit der Regierung Kiesinger/Brandt, mit der großen Koalition. Bundeskanzler Kiesinger greift bei seinem Regierungsantritt Reformvorschläge des Präsidenten des Bundesrechnungshofes, Dr. Volkmar Hopf, vom Herbst 1966 auf, die in der Errichtung eines Planungsstabes im Bundeskanzleramt gipfeln. Hopf wendet sich zunächst gegen die herkömmliche Praxis in der Aufstellung von Regierungsprogrammen, nämlich ein Regierungsprogramm lediglich als bloße Addition von Reformvorschlägen zu sehen. Seiner Auffassung nach setzt die Bestimmung der Richtlinien der Politik eine Gesamtschau voraus, welche über die Grenzen der einzelnen Ressorts hinausgeht. Es müßten Überlegungen mittel- und langfristiger Art angestellt werden, die über Teilbereiche hinaus das Ganze sehen. Dies könne nicht in den Ressorts geschehen, sondern nur durch das Bundeskanzleramt, das in seiner bisherigen Form dazu ungeeignet sei. Ebenso müsse der Bundeskanzler auch überblicken können, wie sich die Richtlinien in der Praxis auswirken würden. Also eine Art Erfolgskontrolle der Maßnahmen. Auch hierfür sei das Bundeskanzleramt nicht ausgestattet. Diese Aufgaben sollten durch einen Planungsstab wahrgenommen werden, der mit den Zielsetzungen der Bundesregierung besonders vertraut sei. Für die personelle Zusammensetzung des Stabes sollten nur »hochqualifizierte Persönlichkeiten« in Betracht kommen, von denen einige wenige Beamte hohen Ranges sein sollten, die übrigen aus Wissenschaft und Wirtschaft kommen sollten. Es ist dies ein Lösungsversuch für das damals besonders im Vordergrunde stehende Kooperationsproblem von Staat, Wissenschaft und Wirtschaft, der über die personelle Zusammensetzung des Planungsstabes gesucht wird. Im übrigen fehlen im Konzept Hinweise auf planerische Methoden und Entscheidungshilfen, auf die Zuordnung und Integration des Stabes in die Aufbau- und Ablauforganisation des Bundeskanzleramtes und eine Strategie der Einführung eines solchen Stabes in das Bundeskanzleramt. Die entscheidende Schwäche dieses Vorschlages, der die Reform zunächst nur unter dem Gesichtspunkt des Einbaues der Planungsfunktion in das Amt sieht, scheint mir aber darin zu liegen, daß die Problemlösung nicht vom Denkansatz her in der Verbesserung des administrativen

Der Autor 1968 bei der traditionellen Weihnachtsansprache

Entzaubertes Bundeskanzleramt

Entscheidungsprozesses gesucht wird, sondern allein vom Organisatorischen her, obwohl sich die Organisation zur Sachaufgabe wie das Mittel zum Zweck verhält, also nur einen sogenannten instrumentalen Charakter hat.

So das Konzept. Nun sind Konzept und Ausführung zweierlei. Bekanntlich lag den beiden Schlachten Friedrichs des Großen bei Leuthen (1757) und Kolin (1756) das gleiche Konzept, nämlich das der schiefen Schlachtordnung zu Grunde. Bei Leuthen leistet dieses Konzept alles was es leisten könnte. Bei Kolin geht die Schlacht im Gegensatz zu Leuthen verloren, weil der Umfassungsflügel nicht weit genug getrieben wird und ehrgeizige Unterführer Reservekräfte zu früh in den Kampf werfen. Noch deutlicher wird der Zusammenhang von Konzept und Ausführung durch eine Bemerkung Jominis, des Historikers und Schriftstellers der napoleonischen Feldzüge. Jomini bemerkt: »Was hätte ein Kriegsrat getan, in dem Napoleon als Berater die Bewegung von Arcole, den Plan von Rivoli, den Marsch über den St. Bernhard, die Bewegung von Ulm oder die von Jena und Auerstädt vorgeschlagen hätte? Die Furchtsamen hätten diese Operationen als tollkühn verurteilt, andere hätten darin tausend Schwierigkeiten gesehen, alle hätten sie abgelehnt. Wenn aber der Rat sie doch angenommen hätte und nicht Napoleon, sondern ein anderer geführt hätte, wären sie sicher mißlungen.«

Nun waren, wie sich später herausstellte, weder Kurt Georg Kiesinger noch sein Staatssekretär Dr. Werner Knieper ein Napoleon auf dem Schlachtfelde der Regierungsreform. Am Schluß der Regierung Kiesinger ist der Planungsstab, wie der spätere Chef des Bundeskanzleramtes zutreffend urteilt, »eine Studiengruppe, ein Torso, der für operative Aufgaben ungeeignet war.« Doch damit eile ich der Zeit bereits voraus. Als das Konzept des neuen Planungsstabes des Bundeskanzleramtes in Presse, Rundfunk und Fernsehen breit diskutiert wird und nun ein in der Hauptsache positives Echo auslöst, entsteht Unruhe im Amt. Das gesamte Personal in der herkömmlichen Organisation ist verunsichert. Da der Personalrat nach damaligem Recht, mit Ausnahme des Gesichtspunktes der Einführung grundlegend neuer Arbeitsmethoden, noch keine Kompetenz in dieser Frage besitzt und ein Gespräch mit der beamteten Amtsleitung, etwa in Form der gesetzlich vorgeschriebenen Monatsbesprechung, nach unseren bisherigen Erfahrungen keine Aussicht auf Erfolg bietet, halten wir nach einer Gelegenheit Ausschau, um Bundeskanzler Kiesinger unsere Bedenken nahezubringen. Diese Gelegenheit findet sich noch Ende des Jahres 1966, wenige Wochen nach dem Beginn der großen Koalition.

Bundeskanzler Kurt Georg Kiesinger mit Angehörigen des Kanzleramtes.

Als bis zum Jahre 1970 das Bundeskanzleramt mit ca. 220 bis 240 Bediensteten noch verhältnismäßig klein und überschaubar war, wurde alljährlich in den Dezembertagen im Kabinettsaal des Palais Schaumburg und in den daran anschließenden Räumen mit allen Amtsangehörigen eine Weihnachtsfeier veranstaltet, an der der Bundeskanzler und der Chef des Bundeskanzleramtes teilnahmen und bei der

Entzaubertes Bundeskanzleramt 25

traditionsgemäß der Personalratsvorsitzende eine Weihnachtsansprache an Bundeskanzler und Belegschaft richtete. Obwohl wir aus der Landeshauptstadt Stuttgart, wo Kiesinger vorher Ministerpräsident gewesen war, gehört und in den wenigen Wochen seiner Amtsführung bestätigt erhalten hatten, daß Kiesinger im Führungsstil eher dem Sonnenkönig Ludwig XIV. als einem modernen Manager amerikanischer Prägung zuneigte, entschloß ich mich, das Risiko einzugehen und unsere Bedenken, Warnungen und Empfehlungen an die Adresse des Bundeskanzlers und seines Staatssekretärs in meine Weihnachtsansprache aufzunehmen, um die Leitung des Amtes dort zu stellen, wo sie mir nicht ausweichen konnte.

Bei flackerndem Kerzenlicht, Wein und Weihnachtsgebäck im festlich geschmückten Kabinettsaal des Palais Schaumburg habe ich dann hervorgehoben: »Wenn nicht alle Anzeichen trügen, steht das Amt vor der Frage, sich aus einem Sekretariat des Bundeskanzlers zu einem Stab des Bundeskanzlers fort- und weiterzuentwickeln. Das Wort »Planung«, vor kurzer Zeit noch ein Tabubegriff, droht zum Modeschlagwort zu werden. Der Planungsstab ist in aller Munde. Je weniger jemand von der Planungsmethodik versteht, desto lautstärker ist der Hinweis auf die Notwendigkeit eines Planungsstabes, der sozusagen als politisches Allheilmittel und Ei des Kolumbus angesehen wird.

Natürlich fragt sich jeder nach seinem Standort in diesem Stab, der offensichtlich im Spannungsverhältnis von Wissenschaft und politischer Praxis stehen soll. Die Frage ist in einem Amt, das aus der klassischen Behördentradition erwachsen ist, berechtigt. Hat doch ein Wissenschaftler vom Range eines Helmut Schelsky erst kürzlich die Frage aufgeworfen, ob so veraltete Wissenschaften wie die Jurisprudenz, die Soziologie oder die nicht in Modellen oder Entscheidungstheorien denkende Ökonomie noch zu einer wissenschaftlichen Beratung der Politik fähig sind oder ob nicht kybernetische Planung, elektronische Entscheidungshilfen, operations research, Modell- und Entscheidungstheorien die unentbehrlichen Hilfsmittel sind, die jeder Planungstechniker beherrschen muß.

Wird es dem klassisch vorgebildeten Beamten dieses Amtes bald ähnlich ergehen wie den Mandarins des chinesischen Kaiserreichs? Diese Mandarins hatten wohl in allen klassischen Disziplinen – von der Dichtkunst bis zur Malerei – eine hervorragende Ausbildung genossen, brachten aber für die Verwaltung ihrer Provinzen keinerlei Voraussetzungen mit.

Ich für meine Person glaube, daß trotz der großen Zahl von Projekten das Ende des klassischen Beamten, zumindest was diese Generation anbelangt, in diesem Amt noch nicht gekommen ist. Um viele der heute gängigen Ideen in die politische Praxis umzusetzen, werden wohl noch manche Voraussetzungen geschaffen werden müssen, wenn man nicht nur mit der Stange der Theorie im Nebel der Abstraktion herumfahren will. So haben wir z.B. seit etwa zwei Jahrzehnten eine ökonomische Wachstumstheorie und natürlich auch Wachstumsmodelle. In diesem Zeitraum haben sich die Wachstumstheorien und die Wachstumsmodelle mit der gleichen Wachstumsrate wie die Kaninchen vermehrt. Wir besitzen aber noch immer nicht ein einziges Wachstumsmodell, das für die praktische Wirtschaftspolitik brauchbar wäre.«

Bundeskanzler Kiesinger verzieht während meiner Ansprache keine Miene. Doch ist die Sache, wie sich nachträglich herausstellt, ein Fehlschlag gewesen. Meine Worte werden vom Bundeskanzler Kiesinger mir gegenüber auch noch persönlich übelgenommen. In der Vorstellungswelt eines Serenissimus haben auch noch so gutgemeinte Warnungen, Ratschläge und Empfehlungen eines Personalratsvorsitzenden an die Adresse der gottgewollten Obrigkeit keinen Platz und damit keinen Sinn und keinen Zweck.

Der Untergang des Planungsstabes im Bundeskanzleramt

Obwohl Bundeskanzler Kiesinger in seinem ersten Chef des Bundeskanzleramtes Dr. Knieper, der aus dem Verteidigungsbereich kommt, zunächst einen modernen Manager gefunden zu haben glaubt, gelingt der Aufbau des Planungsstabes in dem von Hopf skizzierten Sinne nicht. Der Planungsstab wird nicht etwa, wie man aus dem Begriff des Stabes entnehmen müßte, organisatorisch einer Linienstelle zugeordnet, die dem Konzept dieses Stabes entsprechend nur der Bundeskanzler oder der Staatssekretär des Bundeskanzlers sein kann, und damit sinnvoll in die Entscheidungsstruktur und den Informationsfluß des Amtes eingebaut, sondern als eigene Organisationseinheit neben die operativen Abteilungen gestellt, so als ob es neben den Sachaufgaben noch Planungsaufgaben mit eigener Substanz gäbe. Die in den US-amerikanischen »Theory of management« unbestrittene Auffassung, daß Planung eine Linienfunktion sei, also von einem Linienmanager wahrgenommen werden muß, wird vom »Manager« Dr. Knieper nicht erkannt, und damit vom Denkansatz her schon jede Integration des »Stabes« in die Entscheidungsstruktur und den Informationsfluß unmöglich gemacht. Es gelingt in der Folgezeit auch weder einen namhaften Wissenschaftler noch einen namhaften Vertreter der Wirtschaft als ständiges Mitglied für den Planungsstab zu gewinnen. Die Angehörigen des Planungsstabes sind hinsichtlich moderner Planungsverfahren Amateure. Die wissenschaftliche Politikberatung für die politische Planung wird mit Politikwissenschaft gleichgesetzt, obwohl nur wissenschaftlich interdisziplinäre Ergebnisse für die Praxis brauchbar sind.

Nun ist es eine bekannte Tatsache, daß ein gutes Betriebsklima für Ideenfindung und Ideenreichtum, auf welche nun einmal die politische Planung ebensowenig wie jede andere Planung verzichten kann, unerläßlich ist. Doch auch hier wird der Planungsstab, noch nicht einmal zum Leben erweckt, von dem allgemeinen Niedergang des Amtes im Jahre 1967 erfaßt. Zwischen Bundeskanzler Kiesinger und dem von ihm erwählten Chef des Bundeskanzleramtes Staatssekretär Dr. Knieper kommt es bereits nach wenigen Monaten zu starken Spannungen und Mitte des Jahres 1967 zum Bruch. Bis zur Ablösung von Staatssekretär Dr. Knieper durch Staatssekretär Professor Dr. Carstens Ende 1967 treibt das Amt steuer- und führungslos dahin. Während Anfang Dezember 1966 noch konstruktive Unzufriedenheit im Amte herrschte, die auf Grund der langen Frustrationsperiode, die dem Sturz Erhards vorausging, auch verständlich war, so wurde diese Unzufriedenheit Mitte 1967 durch eine resignierende Unzufriedenheit abgelöst. Der neofeudalistische Führungsstil Kiesingers gebiert die Atmosphäre, welche der französische Staatsphilosoph Montesquieu in seinem zur Weltliteratur gehörenden Buch »Vom Geist der Gesetze« Mitte des 18. Jahrhunderts wie folgt beschrieben hat: »Man lese nur, was die Geschichtsschreiber aller Zeiten über die Fürstenhöfe berichten, und erinnere sich an die Gespräche von Männern aus aller Welt über den schlechten Charakter der Höflinge: Das sind Früchte nicht einer Einbildung, sondern einer traurigen Erfahrung.

Ehrgeiz, verbunden mit Müßiggang, Niedertracht und Hochmut, der Wunsch, sich ohne Arbeit zu bereichern, Abneigung gegen die Wahrheit, Schmeichelei, Verrat, Treulosigkeit, Pflichtvergessenheit, Mißachtung der Bürgerpflichten, Furcht vor der Tugend des Fürsten, Vertrauen auf seine Schwächen und vor allem das beständige Lächerlichmachen der Tugend bilden, wie ich glaube, den Charakter der meisten Höflinge, wie er sich an allen Orten und zu allen Zeiten gezeigt hat.«

Auf das Bundeskanzleramt bezogen bedeutet dies, daß

Entzaubertes Bundeskanzleramt

statt miteinander in der Regel gegeneinander gearbeitet wurde. Jeder versuchte, für sich selbst zu glänzen. Die Abteilungsleiter schirmten Staatssekretär und Bundeskanzler vor ihren Referenten, die Referenten ihre Hilfsreferenten nach oben ab. Die Referenten klagten, daß sie auf das Niveau von Sachbearbeitern gedrückt würden. Da das Arbeitsniveau der Hilfsreferenten noch erheblich darunter lag, war es mit den herkömmlichen Funktionsbezeichnungen der Ministerialbürokratie überhaupt nicht mehr zu fassen. Die Tugend ist nun einmal, wie bereits Montesquieu lehrte, nicht das Prinzip einer monarchischen Regierung.

Angesichts dieser Situation, die das gesamte Amt erfaßt hatte, wurde ich auf Drängen von Amtsangehörigen vom Personalrat beauftragt, den Bundeskanzler über die Situation zu unterrichten. Zugleich sollte der Versuch unternommen werden, die auf das Amt demoralisierend wirkenden Mißfallensäußerungen des Herrn Bundeskanzlers über sein Amt und seine Beamten in der Öffentlichkeit zu unterbinden. Obwohl Kiesinger bei seiner Antrittsrede im Palais Schaumburg erklärt hatte, daß er notfalls für jeden Bediensteten zu sprechen sei und der Zentralabteilungsleiter dem versammelten Personalrat in einer gemeinsamen Besprechung mitteilte, daß mich Kiesinger anhören wollte, empfing mich der Herr Bundeskanzler nicht. Vor Gericht verklagt, rechtfertigte er seinen Wortbruch damit, daß er nicht für den Personalrat zuständig sei, sondern sein Staatssekretär.

Insgesamt macht aber das Schicksal des Planungsstabes deutlich, daß sich kein derartiges Reformvorhaben isoliert im luftleeren Raum vollzieht oder auf einer grünen Wiese errichtet werden kann, sondern in seinem Gesamtrahmen, in den es hineingestellt ist, gesehen werden muß. Die engen Wechselbeziehungen, die zwischen der Umgebung, dem Gesamtorganismus einer Behörde, den handelnden Personen und dem Reformvorhaben bestehen, müssen berücksichtigt werden. Sind die Bedingungen des Gesamtrahmens günstig, so wird auch ein weniger perfektes Vorhaben gelingen, sind sie ungünstig, so wird auch ein gutes Konzept scheitern. Der außenstehende Laie pflegt gewöhnlich den Wert abstrakter Modelle und die auf dem Reißbrett entworfenen perfekten Planungsorganisationen zu überschätzen, wie andererseits der »Nur-Praktiker« alles von den Menschen erhofft. Beide Komponenten müssen zusammentreffen, um einen Erfolg zu gewährleisten. Als um die Jahreswende 1967/1968 Professor Dr. Carstens die Leitung des Bundeskanzleramtes als Chef und Staatssekretär übernimmt, steht fest, daß von dem »Planungsstab« keine »Entscheidungshilfe« mehr zu erwarten ist. Carstens, der sich im Gegensatz zu seinem Amtsvorgänger stets um ein korrektes Verhältnis zum Personalrat bemüht hat, schaltet bei seinen

Professor Dr. Carstens mit dem Autor: »Stets korrekt zum Personalrat«.

Reorganisationsüberlegungen auch den Personalrat des Bundeskanzleramtes ein. Neben den vier Abteilungsleitern wird auch der Personalratsvorsitzende aufgefordert, eine schriftliche Aufzeichnung über Fragen der Reorganisation des Amtes vorzulegen. Dabei schlage ich für unser Amt Herrn Prof. Dr. Carstens als Führungs- und Organisationsstruktur das sogenannte »Matrix-Management« vor, das allerdings voraussetzt, daß eine Regierung mit Programmstrukturen zu arbeiten versteht. In den nicht einmal ganz zwei Jahren, in denen Carstens als Chef des Bundeskanzleramtes wirkt, gelingt es ihm, den Niedergang des Amtes aufzuhalten, die Moral des Amtes zu heben und eine Reorganisation einzuleiten. Ebenso wie er wöchentlich mit sämtlichen Referenten des Amtes Besprechungen abhält, nimmt er auch alle Monatsbesprechungen mit dem Personalrat persönlich wahr, die Dank guter Vorbereitung gestatten, in kürzester Frist ein umfangreiches Programm abzuwickeln. Vom Planungsstab werden mehr und mehr Leute abgezogen, so daß es jedem im Amte klar ist, daß seine Auflösung bevorsteht.

Die vom Neofeudalismus Kiesingers geprägte Atmosphäre zu entgiften, gelingt Prof. Dr. Carstens freilich nicht ganz. Als Kiesinger im Herbst 1969 das Amt verläßt, um der sozial-liberalen Koalition zu weichen, gleicht die Stimmung der überwiegenden Mehrheit der Amtsangehörigen derjenigen der Bevölkerung in der Sowjet-Union beim Einmarsch der deutschen Truppen im Jahre 1941.

Bundeskanzler Willy Brandt: Gleich am Anfang zwei Fehler.

III.
Willy Brandt

– Das fehlgeschlagene Experiment –

1. Die Zerstörung der psychologischen Grundlagen

Der Wechsel von der Ära Kiesinger zu der Ära Brandt/Ehmke vollzieht sich im Bundeskanzleramt ohne Amtsübergabe. Serenissimus Kiesinger ist durch die Bildung der sozial-liberalen Koalition persönlich so tief getroffen, daß sein Abschied vom Amt eher der Flucht Ludwigs XVIII. aus den Tuilerien vor dem aus Elba kommenden Napoleon Bonaparte gleicht als einem demokratischen Wechsel der Amtsgeschäfte. Serenissimus ermahnt die Amtsangehörigen, ihm gegenüber loyal zu bleiben und deutet seine baldige Rückkehr an, die ihm allerdings im Gegensatz zum 18ten Ludwig nicht gelingt.

Die Begrüßung des Personals durch die neue Amtsleitung findet wie üblich im Kabinettsaal statt. Bundeskanzler Brandt hält eine Ansprache an die versammelten Amtsangehörigen, die mehr einer Plauderei gleichkommt. Dabei macht er psychologisch zwei Fehler, von dem der eine wahrscheinlich aus dem anderen folgt. Während das Amt gewohnt ist, im Bundeskanzler den Herrn des Hauses mit allen Rechten und Pflichten zu sehen, erklärt Brandt, daß er hier eigentlich nur Gast sei und Bundesminister Ehmke als Chef des Bundeskanzleramtes sozusagen der Hausherr. Infolgedessen fehlt dann auch der Hinweis, daß er als letzte Instanz für persönliche Angelegenheiten der einzelnen Bediensteten zur Verfügung stehe. Brandt drückte dann die Erwartung aus, daß die Amtsangehörigen sich ihm gegenüber loyal verhalten würden.

Da ich bei diesen Worten zahlreiche Augenpaare auf mich gerichtet sehe, erkläre ich Bundeskanzler Brandt gegenüber als Sprecher des Personals, daß wir den Diensteid nicht auf diesen oder jenen Kanzler, sondern auf die Bundesrepublik geleistet hätten. Das Amt werde sich getreu seinem Dienst-

»Die Ära Brandt/Ehmke beginnt mit einem Rechtsbruch.«

eid ihm gegenüber loyal verhalten. Daraufhin kommt Brandt auf mich zu und drückt mir die Hand. Dies wiederum scheint dem danebenstehenden frischgebackenen Bundesminister Ehmke nicht zu passen. Das ist auch verständlich; denn Ehmke, dessen Charakterbild ähnlich dem Wallensteins, von der Parteien Gunst und Haß verwirrt, in der Geschichte schwankt, verkündet anschließend gleich bei einer ganzen Reihe von Beamten sogenannte »Entpflichtungserklärungen«, mit denen sie nun von ihren Pflichten entbunden wurden und die man als rechtswidrig ansehen muß. Da weiterhin im Amte bekannt war, daß Professor

Entzaubertes Bundeskanzleramt 35

Ehmke noch vor der Wahl Brandt's zum Bundeskanzler im Bundestage den damaligen Amtschef Professor Carstens aufgesucht und eine sogenannte »Schwarze Liste« mit Namen von Amtsangehörigen übergeben hatte, die man in der kommenden Woche nicht mehr in ihren Ämtern zu sehen wünschte, war die Verunsicherung des Personals über seine Zukunft vollkommen.

Auch Ehmke's Erklärung in der 32. Sitzung des Bundestages am 28. Februar 1970

»Sie sind offenbar der Meinung, Sie regieren in diesem Lande 20 Jahre, pumpen die Ministerien und das Kanzleramt mit CDU-Leuten voll – sicherlich natürlich – und wenn dann eine neue Regierung die Verantwortung übernimmt, übernimmt sie auf solchen zentralen Stellen Personal, daß Sie unter dem Gesichtspunkt seiner politischen Loyalität zu Ihnen ausgewählt hatten. Davon ist doch wohl im Ernst nicht die Rede.«

wird im Amt vermerkt und einschließlich der die Erklärung realisierenden Taten vom Personalrat und der Masse der Amtsangehörigen als Verstoß gegen Art. 3 GG gewertet, wonach niemand wegen seines Geschlechtes, seiner Heimat und Herkunft, seines Glaubens, seiner religiösen oder politischen Anschauungen benachteiligt oder bevorzugt werden darf. Die Ära Brandt/Ehmke beginnt mit einem Rechtsbruch.

Da nach unserem geltenden öffentlichen Dienstrecht derartige Bartholomäus-Nächte niemals in vollem Umfange gelingen können, ist das Resultat solcher Bemühungen das Entstehen von zwei Kategorien von Amtsangehörigen, die jeweils unterschiedlicher Behandlung unterworfen werden. Die eine Kategorie, welche vor dem Regierungswechsel im Amte war, und die andere Kategorie, die nach dem Regierungswechsel hinzukam. Bei näherer Prüfung hätte Professor Ehmke freilich erkennen müssen, daß nach unserem geltenden Dienstrecht die Einführung des amerikanischen Beutesystems (Spoil-System) aus dem Amerika des 19. Jahrhunderts, wo die Wahlen seit Präsident Andrew Jackson

(1828) mit dem Ruf geführt wurden: »Werft die Halunken aus ihren Posten«, in reiner Form nicht möglich ist. Dies sollte auch jede künftige Amtsleitung des Bundeskanzleramtes gleich welcher Parteifärbung bei einem Regierungswechsel bedenken.

Die Politisierung der Personalführung bringt zwangsläufig eine der unerfreulichsten Erscheinungen eines solchen Systems mit sich, den Mitläufer oder im schlimmsten Falle den Parteiwechsler aus Karrieregründen. Damit hält auch das gegenseitige Mißtrauen des Personals in die Behörde seinen Einzug; denn zur gruppenintegrierenden Funktion der ideologischen Systeme gehört komplementär die Abgrenzung gegen die Umwelt. »Deshalb enthält«, wie Eugen Lemberg (»Ideologien haben einen Sinn«, FAZ Nr. 71, 25. 3. 74, S. 9) es ausdrückt, »jedes ideologische System ein Feindbild.«

Die Folge derartiger Maßnahmen war natürlich, daß Bundesminister Ehmke bereits in den ersten Wochen seiner Amtstätigkeit die psychologischen Grundlagen für ein modernes Management zerstört hatte; denn bekanntlich stehen hinter jeder Entscheidung oder Maßnahme eines Vorgesetzten oder Mitarbeiters Auffassungen über die Natur des Menschen und sein Verhalten. McGregor hat diese Auffassungen über den Menschen in zwei Theorien zusammengefaßt. Nach der Theorie X hat der Durchschnittsmensch eine angeborene Abneigung gegen Arbeit und versucht, ihr aus dem Wege zu gehen, wo er kann. Er muß daher durch Androhung von Übeln zur Arbeit motiviert werden. Nach der Theorie Y, welche für McGregor in der heutigen Zeit die allein realistische ist, ist die Verausgabung durch körperliche und geistige Anstrengungen beim Arbeiten ebenso natürlich wie bei Spiel und Ruhe. Zu Gunsten von Zielen, denen er sich verpflichtet fühlt, wird sich der Mensch der Selbstdisziplin und Selbstkontrolle unterwerfen. Wie sehr sich ein Mensch den Zielen einer Organisation verpflichtet fühlt,

Entzaubertes Bundeskanzleramt

hängt von der Harmonisierung seiner Ziele und Bedürfnisse mit denen der Organisation ab.

Auf dem Boden des geteilten Menschenbildes, das Ehmke schafft und dem ein Freund-Feind-Verhältnis zu Grunde liegt, ist ein modernes Management mit einer entsprechenden positiven Motivierung des Personals nicht mehr möglich. Ebenso unmöglich ist es aber auch, in dieser Situation Modernisierungsstrategien für das Amt zu entwerfen, die von der Billigung des Personals getragen werden.

Doch Ehmke scheint dieses Problem nicht zu sehen. Seiner wissenschaftlichen Vorbildung und Schulung entspricht das Bedürfnis nach formal logischem Aufbau und formal logischer Konstruktion der in der Regierungserklärung angekündigten Maßnahmen, wobei er übersieht, daß in einer Behördenorganisation Menschen aus Fleisch und Blut tätig sind und keine menschlichen Abstraktionen im Sinne eines Homo administrativus.

Ihm kommt der Zeitgeist zu Hilfe; denn die ursprüngliche Vorstellung, mit einem Planungsstab im Bundeskanzleramt die Zukunft zu meistern, hatte sich bereits in der großen Koalition zu dem Problem einer Strukturreform von Regierung und Verwaltung ausgeweitet. Im Bericht zur Lage der Nation im geteilten Deutschland erklärte Bundeskanzler Kiesinger am 11. März 1968 im Deutschen Bundestag:

»Dem Zwang zur Modernität dürfen sich auch die Strukturen und Institutionen des Staates nicht entziehen... Viele unserer aus den Traditionen des 19. Jahrhunderts überkommenen Einrichtungen und Verfahren genügen schon der heutigen Zeit nicht mehr und müssen vor den Anforderungen der Zukunft versagen... Auch eine Reform unseres öffentlichen Dienstes ist dringlich. Nicht etwa zum Zwecke einer weiteren Aufblähung unseres Verwaltungsapparates; wir brauchen vielmehr neue Techniken der Planung und der Integration der verschiedenen Teilgebiete politischen Handelns. Für die Aus- und Weiterbildung hochqualifizierter Beamter müssen Einrichtungen geschaffen werden, wie sie schon in der Führungsakademie der Bundeswehr und der Ausbildungsstätte für den Auswärtigen Dienst bestehen... Die Bundesregierung hat die Aufgabe in Angriff genommen.«

Diese Inangriffnahme bestand in der Errichtung der Bundesakademie für öffentliche Verwaltung im Jahre 1969 und in der Bildung einer interministeriellen Projektgruppe für Regierungs- und Verwaltungsreform beim Bundesminister des Innern am 3.12.1968. Vor welche Aufgabe und vor welche Probleme sah sich nun die Projektgruppe gestellt? Worum geht es?

2. Was bedeutet Strukturreform?

1. Die Strukturreform von Regierung und Verwaltung ist darauf gerichtet, die großen und ständig wachsenden Aufgaben der Exekutive im modernen Staat einer Industriegesellschaft sinnvoll zu erfüllen. Um rechtmäßig, leistungsfähig und rationell zu verwalten, bedarf es einer zeitgemäßen Organisation und einer zweckmäßigen Ordnung der Funktionen. Die Strukturreform schafft die strukturellen Voraussetzungen für eine dem sozialen Leistungs- und Rechtsstaat entsprechenden Regierung und Verwaltung. Insofern ergänzt sie die Funktionen der Hoheitsverwaltung des 19. Jahrhunderts um die Funktionen einer modernen Leistungsverwaltung. Bei der Gestaltung einer modernen Exekutive muß insbesondere der Tatsache Rechnung getragen werden, daß die öffentlichen Aufgaben immer vielgestaltiger werden, ihre interdisziplinäre Natur rasch wächst und sachgerechte Lösungen immer stärker von interdisziplinären Betrachtungen und Methoden abhängig sind.
2. Die Strukturreform ist ein wesentliches Element einer modernen Regierung. Sie findet ihre notwendige Ergänzung in einem modernen öffentlichen Dienst, der bei seiner Tätigkeit die Prinzipien der Koordination (Herstellung des Gesamtzusammenhanges), der Anwendung

wissenschaftlicher Methoden und der impulsgebenden Menschenführung beachten sollte. Als drittes wesentliches Element muß schließlich eine zeitgemäße Behördenverfassung hinzutreten, die eine sinnvolle Beteiligung der Bediensteten am Leistungs- und Führungsprozeß im Rahmen der Mitbestimmung gestattet.

Alle drei Elemente müssen in ihren Prinzipien einander entsprechen; denn was auf der einen Stufe eines Elementes als gut erscheint, kann auf der nächsthöheren Stufe des Gesamtsystems im Lichte dort klarer zu Tage tretender Zwecke zum Bösen werden; was in einem gegebenen Bezugsrahmen sinnvoll erscheint, kann zum Unsinn werden, weil der Rahmen selbst sich als höchst fragwürdig erweist. Reformen von Regierung und Verwaltung können nur in begrenztem Umfange durch Rechtsnormen zustande gebracht und gesichert werden. Das Entscheidende liegt in der Einstellung und in der Grundhaltung, im rechtlich nicht faßbaren Willen vieler Stufen des öffentlichen Dienstes begründet. Daher macht ein Gesetz allein noch keine Reform aus.

3. Die strukturelle Organisation von Regierung und Verwaltung ist nicht Selbstzweck, sondern dient dazu, im Rahmen der von der Verfassung gesetzten politischen Bedingungen die aufgetragenen Tätigkeiten zu erfüllen. Zu den Regierungs- und Verwaltungsaufgaben und Zielen verhält sie sich wie das Mittel zum Zweck. Sie hat daher einen instrumentalen Charakter. Es gibt somit unabhängig von den Aufgaben und Zielen keine ein für allemal perfekte Organisationsstruktur. Vielmehr muß die optimale Struktur auf Grund vorgegebener Aufgaben und Ziele jeweils neu bestimmt werden.

Die strukturelle Gestaltung im Einzelfall muß jedoch von leitenden Ideen, Zielvorstellungen und grundsätzlichen Prinzipien getragen sein, die primär von den Werten der Verfassung durchdrungen sein müssen.

4. In mittel- und kurzfristiger Perspektive müssen Regierung und Verwaltung als ein Führungs-, Lenkungs- und Verwaltungsinstrument einer modernen, hochentwickelten Industriegesellschaft konzipiert werden, das bei Zielbestimmung und Mittelauslese staatlicher Aktivitäten schnelle Aktionen und Reaktionen gegenüber verflochtenen gesellschaftlichen Prozessen gestattet.

Das bedeutet:

a) Einbau der Planungsfunktion als komplementäre Funktion in das überkommene System von Regierung und Verwaltung.

Eine in notwendigem Umfange betriebene Planung soll helfen, Impulse zu geben und Aktivitäten immer dort auszulösen, wo richtigerweise gehandelt werden soll, dies aber aus irgendwelchen Gründen nicht geschieht. Eine Verbindung der Planung mit dem Budgetprozeß sollte angestrebt werden. Dabei ist die Planung auch als Führungsmittel (m.b.O.) einzusetzen.

b) Steigerung von Produktivität und Effizienz der Exekutive.

Ein Einbau einer »Erfolgskontrolle« als Managementkontrolle (Steuerung) ist anzustreben.

c) Verwendung analytischer Verfahren, die ein interdisziplinäres Vorgehen gestatten.

Für dieses analytische Verfahren ist ein Rahmenwerk zu schaffen, in dem der Prozeß ablaufen kann.

d) Eine moderne Verwaltungsführung mit einem auf die Verwaltung zugeschnittenen, kooperativen Führungsstil, der den Mitarbeitern die Möglichkeit eröffnet, Bedürfnisse ihrer Persönlichkeit und ihrer Entfaltung zu befriedigen.

Dieser ist erkennbar durch

– klare, verständliche und vollständige Aufgaben- und Zielumschreibungen, unter Freilassung eines genügenden Spielraums für die Initiative der Mitarbeiter;

– weitgehende Delegation von Aufgaben, Kompetenzen und Verantwortungen an die Mitarbeiter der Linie;
– Heranziehung von Spezialisten als Berater bei der Vorbereitung der Entscheide, unter Anerkennung eines Mitspracherechts der Mitarbeiter, vor allem in der Form von Anregungen und Empfehlungen;
– sachgemäße Information auf allen Ebenen;
– Ausübung des Kontrollrechts und der Kontrollpflicht, vorwiegend im Sinne der ständigen Förderung der Mitarbeiter.

e) Ergänzung der herkömmlichen vertikalen Organisationsformen (Linienorganisation) durch Arbeits- und Organisationsformen in der horizontalen bis hin zu mehrdimensionalen flexiblen Organisationsformen (Arbeitsgruppen, Projektgruppen, Matrix-Organisation).

f) Im Rahmen der technischen Revolution der Bürokratie sind realtechnische Mittel (Automation) zur Verminderung des Kostendrucks und zur qualitativen Verbesserung des Entscheidungssystems soweit als möglich zu übernehmen. Gesetzes- und Verwaltungsabläufe müssen daher so angelegt werden, daß eine Übernahme auf Datenverarbeitungsanlagen möglich ist (automationsgerechte Gesetzgebung, automationsgerechte Regierungs- und Verwaltungstechnik).

Ferner dürfte im einzelnen erforderlich sein:
11. Eine dynamisch denkende und handelnde Exekutivspitze mit engem Kontakt zur Umwelt. Dies ist ohne eine Transparenz der Regierungsmaßnahmen nicht möglich. Eine Transparenz der Regierungsmaßnahmen setzt wiederum voraus, daß die Regierungsmaßnahmen für die Regierung selber in jedem Stadium transparent sind.
22. Administrative Entscheidungsprozesse können nicht mehr mit einer statischen Umwelt rechnen, sondern

müssen auf eine sich schnell ändernde dynamische Umwelt abgestellt sein. Dies bedeutet größere Schnelligkeit des Entscheidungsprozesses, insbesondere Verkürzung der Kommunikations- und Informationsprozesse im Rahmen der Ablauforganisation.

33. Anlage des Informationssystems auf rechtzeitige Problemerkenntnis und Analyse der Problemzusammenhänge. Dabei wird für den Entscheidungsprozeß davon auszugehen sein, daß jeder Planungs- und Kontrollprozeß ein erheblich größeres Informationsbedürfnis hat als die bloße Durchführung determinierter Abläufe.

44. Der administrative Entscheidungsprozeß ist zu reformieren. Der Entscheidungsprozeß muß schon begrifflich, soweit es sich um einen Planungs- und Kontrollprozeß handelt, auf das Herausarbeiten mehrerer Handlungsalternativen gerichtet sein und soweit als möglich auf eine optimale Allokation der Ressourcen abzielen. Eine bloße juristische Absicherung einer Entscheidung genügt als Regierungstechnik in der Zukunft nicht mehr. In einer pluralistischen Gesellschaft, deren überkommene Wertmaßstäbe mehr oder weniger in Frage gestellt werden, wird das Regierungssystem eine rationale Politik als sachbezogene Politik auf dem Boden des von unserer Verfassung festgelegten Wertsystems gestatten müssen. Bei der großen Bedeutung, die Wissenschaft und Technik in einer hochentwickelten Industriegesellschaft zukommt, bedeutet das auch eine Heranziehung des wissenschaftlichen Sachverstandes, d.h. einen politischen Entscheidungsprozeß unter Verwertung des neuesten wissenschaftlichen Erkenntnisstandes zur Klärung der Entscheidungssituation. Die Anwendung des Rationalprinzips bedeutet aber auch ein Handeln, das auf ein optimales Ergebnis gerichtet ist; daher ist die Anwendung bekannter Optimierungsverfahren und, soweit einer Entscheidung auch wirtschaft-

liche Aspekte eignen, die Anwendung des ökonomischen Prinzips zu fordern.

5. Der Aufbau des Planungssystems muß von dem Gedanken geleitet sein, daß die Finanzplanung in einem modernen Staat Aufgabenplanung ist und infolgedessen Finanzplan und Haushaltsplan Lenkungsinstrumente allerersten Ranges darstellen. Bei beiden müssen Programmeffekte und makroökonomische Kreislaufeffekte gleichwertig berücksichtigt werden. Hierzu muß ein entsprechendes verwaltungstechnisches Rahmenwerk geschaffen werden, das eine Integration von Kreislauf- und Programmeffekten gestattet.
Ein geeignetes Mittel hierzu ist eine Budgettechnik, die es gestattet, einheitlich über Ziele, Maßnahmen und Mittel zu entscheiden (Programmbudgettechnik). Eine solche Budgettechnik würde auch eine sinnvolle Beteiligung des Parlaments an der Programmplanung der Regierung gestatten.

6. Eine enge Kooperation von Bund und Ländern im Planungsbereich auf der Basis einer zu einer Aufgaben- und Programmplanung ausgebauten Finanzplanung, die in eine Rahmenplanung mit Richtliniencharakter eingebettet ist. Plankoordination ist im Gegensatz zu den von Fall zu Fall getroffenen Entscheidungen keine Koordination im Einzelfall, sondern ein ununterbrochener Prozeß, der eine kontinuierliche Koordination im Sinne eines Koordinationsprozesses erfordert, dessen Instrumente daher auch institutionalisiert werden sollten.

7. Verknüpfung und Integration aller Modernisierungselemente zu einem System, bei dem alle Teile sinnvoll aufeinander bezogen sind.

8. Eine durchgreifende kostensenkende Rationalisierung, welche in der bisherigen Struktur nur unzureichend möglich erscheint, da die Rationalisierung der Verwal-

tungsprozesse die Lösung des Strukturproblems voraussetzt.
99. Entwicklung von Modernisierungsstrategien, die eine sinnvolle Mitarbeit und positive Motivation des öffentlichen Dienstes an und gegenüber den Reformen ermöglichen.

3. Unzureichende Konzepte und Maßnahmen

Die Projektgruppe glaubte jedoch, sich angesichts der im Herbst 1969 stattfindenden Bundestagswahl auf die ihrer Ansicht nach dringlichsten Fragen, nämlich die Neubegrenzung der Geschäftsbereiche der Bundesministerien, die Staatsminister und parlamentarischen Staatssekretäre und die Verbesserung des Führungsinstrumentariums von Bundeskanzler und Bundesregierung beschränken zu können. Letzteres sollte eine »konzeptionelle Politik« ermöglichen, wobei man in der politischen Planung von einer strikten Trennung von Aufgaben- und Finanzplanung ausging. Der spätere Fehler, Reformen ohne Rücksicht auf ihre Finanzierbarkeit in die Wege zu leiten, wird hier bereits vorprogrammiert. Die Strukturreform wird kaum unter dem Gesichtspunkt einer Verbesserung des Entscheidungsprozesses, sondern lediglich als organisatorische Aufgabe angesehen, so als könne man mit einer organisatorischen Verfügung des Einsatzes von Planungsbeauftragten in den Ressorts das Finanzproblem lösen. Im ganzen waren die Vorschläge der Projektgruppe, die Ehmke aufgreift, durch ein überholtes punktuelles Denken gekennzeichnet, so als ob es niemals eine Systemtheorie und ein ganzheitliches Denken gegeben hätte und unsere Regierungsapparatur, die seit den Stein-Hardenberg'schen Reformen mehr als 150 Jahre gewachsen war, durch einige organisatorische Kinkerlitzchen in ihrer Struktur zu verändern sei. Nun sind Systeme, Ent-

Entzaubertes Bundeskanzleramt

scheidungen, Versuche und Pläne bekanntlich nur so gut, wie die ihnen zu Grunde liegenden Konzeptionen. Ein Fehler in der Konzeption ist nicht wieder gutzumachen, so hervorragend man das System auch zu manipulieren oder zu konstruieren vermag. Der spätere Fehlschlag ist daher unausweichlich.

Organisatorisch bestand das Bundeskanzleramt zur Zeit der Amtsübernahme von Bundesminister Ehmke aus drei Abteilungen. In einer Abteilung war die Außen-, Sicherheits- und Deutschlandpolitik, in einer anderen die gesamte Wirtschafts- und Finanzpolitik und in einer dritten die Innenpolitik mit der Verwaltung des Hauses zusammengefaßt. Hinzu kam noch der Planungsstab.

Ehmke gliederte das Bundeskanzleramt, dessen personelle Stärke inzwischen von ca. 250 Bediensteten auf nahezu 400 wuchs, in fünf Abteilungen, nämlich

I. Verwaltung und Recht;
II. Auswärtige und innerdeutsche Beziehungen einschließlich der äußeren Sicherheit;
III. Innere Angelegenheiten für innenpolitische Angelegenheiten, insbesondere die Fragen der inneren Reformen und der Koordinierung der Reformpolitik;
IV. Wirtschafts-, Finanz- und Sozialpolitik;
V. Planung.

Der bisherige Planungsstab wurde zu einer Planungsabteilung »ausgebaut« und ebenso wie der Planungsstab Kiesingers neben die operativen Abteilungen des Hauses gestellt. Der gleiche Fehler also, nur in entsprechend größeren Dimensionen.

Wie sah nun der »Ausbau« in Konzept und Durchführung aus?

Zum Konzept erklärte Ehmke:

»In der ersten Gruppe dieser Abteilung soll die operative Planung liegen. Diese Gruppe ist für die verfahrensmäßige Umsetzung des Regierungsprogramms in Gesetzgebungsvorhaben der Ressorts und in sonstige politische Vorhaben oder Aktionen sowie für die Übersicht über den jeweiligen Stand der Regierungstätigkeit zuständig. Sie soll – u.a. unter Bildung von ad hoc-Projektgruppen zusammen mit den Fachabteilungen des Amtes und mit den beteiligten Ressorts – die Bundesregierung in die Lage versetzen, ein sachlich, finanziell und zeitlich abgestimmtes Gesamtprogramm zu entwickeln und durchzuführen.«

Also schon vom Denkansatz her keine strategische oder Zielplanung, keine taktische Planung oder Maßnahmeplanung, sondern eine bloße operative oder Ablaufplanung, die schon vom Denkansatz her nicht zu alternativen Ziel- und Mittelkombinationen vorstoßen kann, in denen man sonst das Wesen planerischer Tätigkeit erblickt.

Das planerische Heil wird hier von ad hoc-Gruppen erwartet, für welche die Planungsabteilung den organisatorischen Rahmen und planerischen Service abgeben soll; denn zu substantieller Planung mit materiellem Inhalt ist diese Planungsabteilung weder nach dem Konzept noch nach der Organisation in der Lage. Die anderen Organisationseinheiten »Planungsmethoden und Planungstechniken«, »Information und Dokumentation« mit EDV und »Grundsatzfragen des Regierungssystems«, stehen mehr oder weniger zusammenhanglos nebeneinander und sind schon von ihrer Aufgabenstellung her zu einer politischen Planung im echten Sinne außerstande.

Dieses Gesamtkonzept wird in einer Aufzeichnung Ehmkes vom 8. März 1970 über »Organisation, Personalstruktur und Unterbringung des Bundeskanzleramtes« niedergelegt, die auch heute noch das grundlegende Dokument für die Struktur des Bundeskanzleramtes bildet.

Entsprechend der Ankündigung der Regierungserklärung, Personalräte auch in solchen Sachfragen zu hören, die nach geltendem Recht noch nicht zu deren Zuständigkeitsbereich gehören, läuft die Sachdiskussion mit dem Personalrat an. Der Personalrat hat Bedenken; denn die Mängel im

Entzaubertes Bundeskanzleramt

Kanzleramtschef Horst Ehmke: »Wem Gott ein Amt gibt, dem gibt er auch den Verstand«.

Konzept sind zu offensichtlich. Größe und Umfang einer Behörde sagen ja für sich allein noch nichts.

Zunächst einmal ändert sich nach diesem Konzept die traditionelle Stellung des Bundeskanzleramtes im Gesamtgefüge der Exekutivspitze in keiner Weise. Nach wie vor müssen daher alle Sachaufgaben, ob groß oder klein, ob von großer oder geringer politischer Bedeutung, entsprechend dem Ressortprinzip substantiell in den Ressorts bearbeitet werden. Nach wie vor wird der Geschäftsgang des Bundeskanzleramtes im wesentlichen von den federführenden Ressorts bestimmt werden. Die umfangreichen personellen Veränderungen des Bundeskanzleramtes können daher zu keinem Erfolg führen, sondern bei einem Fehlschlag des Konzeptes zu einer 40 %igen personellen Überkapazität. Diese wäre dann noch mit der Hypothek belastet, daß das Personal unter den Maßstäben eines fehlgeschlagenen Konzeptes ausgewählt wurde und für ein anderes Konzept nicht unbedingt tauglich sein muß. Auch das Gesamtbild der operativen Abteilungen zeigt keine Linie. Es ist eine Mischung aus Kanzlei und allzuständigen Ressorts.

Die Kritik des Personalrates geht in der Hauptsache dahin, daß sich die überkommenen Funktionsweisen des Bundeskanzleramtes im Regierungssystem nicht geändert haben. Da die Aufgaben die gleichen geblieben seien, würden nach allen Erkenntnissen der Organisationslehre und Verwaltungspraxis bei einer weiteren Stellenvermehrung die Reibungsverluste in der Geschäftsabwicklung noch zunehmen und den Geschäftsgang noch schwerfälliger machen. Der Organisationsplan halte sich an die überkommenen Strukturen des 19. Jahrhunderts, werde daher neue Funktionsweisen zum Erliegen bringen und versuche, Probleme des technischen Zeitalters so im Bereich der Planungstechniken und Planungsverfahren mit organisatorischen Vorstellungen aus dem vortechnischen Zeitalter zu lösen.

Doch Ehmke lebt nach dem ungeschriebenen »Grundge-

Entzaubertes Bundeskanzleramt 49

setz« nahezu aller Behörden, nämlich nach dem Satz Kaiser Wilhelms II.: »Wem Gott ein Amt gibt, dem gibt er auch den Verstand dazu.« Eine These, die keine Personalvertretung akzeptieren kann, weil sonst der Mitbestimmungsgedanke im öffentlichen Dienst seine Basis verlieren würde.

Wie einst der römische Feldherr Varus im Jahre 9 n.Chr. vor der Schlacht im Teutoburger Wald verstopft er seine Ohren mit dem Wachs der Selbstgefälligkeit und leitet seine Aufzeichnung vom 8. März 1970, wenige Stunden nachdem er den Personalrat zur Stellungnahme aufgefordert hatte, allen Amtsangehörigen, allen Bundestagsabgeordneten und der Presse zu. Vielleicht beabsichtigt er damit, der kritischen Stellungnahme des Personalrates die Legitimation zur Kritik zu entziehen. Doch seine Aufzeichnung reißt weder innerhalb noch außerhalb des Bundeskanzleramtes jemanden »von den Stühlen«. Im Gegenteil. Die alten erfahrenen Beamten schütteln die Köpfe. Es fällt das Wort von dem Konzept des Amtes, das etwa der Vorstellung eines 14jährigen Bürolehrlings von einem effizienten Bundeskanzleramt entspricht. Der Nimbus Ehmkes erleidet schwere Einbußen.

Nach dem schönen Grundsatz »Haust du meinen Juden, hau ich deinen Juden« verteilt nunmehr der Personalrat seine kritische Stellungnahme ebenfalls an alle 400 Amtsangehörigen. Als das organisatorische Konzept Ehmkes dem Haushaltsausschuß und Parlament vorgelegt wird, stellt der Personalrat seine Sachdiskussion mit der Amtsleitung ein, da sie keinen Sinn mehr hat.

Als wir schließlich feststellen, daß die Organisation des Bundeskanzleramtes in fünf Abteilungen bereits vor den Verhandlungen mit dem Personalrat in dem amtlichen vom Presse- und Informationsamt der Bundesregierung herausgegebenen Almanach veröffentlicht worden ist, steht es für uns fest, daß eine ernsthafte Beteiligung des Personalrates in diesem Entscheidungsprozeß nicht beabsichtigt war.

Mit der Mitbestimmung ist es ähnlich wie mit der Rüstungskontrolle. Überall lautstarke Lippenbekenntnisse, doch niemand möchte kontrolliert werden.

Wenn auch nachträglich zwischen Amtsleitung, Personalrat und Bundesrechnungshof noch mehrere Schriftsätze gewechselt und viel Geist und Tinte verspritzt wird, so ist doch die Weichenstellung geschehen, und der Dilettantismus nimmt seinen Lauf.

Zum Ablauf des Regierungsprogramms benötigt man eine Übersicht über die von den Ressorts beabsichtigten Maßnahmen. Die bloße Erfassung der einzelnen Ressortvorhaben, deren Inhalt noch wenig oder gar nicht feststeht, die also mangels des notwendigen informativen Gehaltes zur Erkenntnis von Ziel- und Mittelkonflikten nichts beitragen kann, wird als »Frühkoordination« bezeichnet.

Zu einer bloßen Erfassung der Ressortvorhaben, die das Arbeitsprogramm der Bundesregierung bilden, das in seinem Arbeitsablauf gesteuert werden muß, wird eine neue Zuständigkeitsregelung getroffen: die Planungsbeauftragten der Bundesministerien, welche für die Meldungen zur Erfassung verantwortlich sind. Von dieser bloßen Zuständigkeitsregelung und Erfassung auf dem Niveau einer Karteiarbeit kann man selbstverständlich nichts erwarten, wenn auch für die Karteiarbeit Computer verwendet werden.

Im übrigen kommt die Datenverarbeitung im Bundeskanzleramt nicht vom Fleck, weil man entgegen den Warnungen des Personalrates dem Grundsatz »erst analysieren, dann automatisieren« keinerlei Beachtung beimißt.

Im Gegenteil. Zum Universalverfahren für alle planerischen Zwecke wird das »Brain-Storming«, der »Ideensturm« erhoben. Ein Verfahren, das in das Bundeskanzleramt durch das »Quickborner-Team« eingeführt wird. Bei der Methode des Ideensturmes handelt es sich um eine Methode der Zusammenarbeit und Ideenfindung, die kreatives Denken durch Mobilisierung des Unterbewußtseins fördern will.

Es kommt bei der »Ideensitzung«, die von einem 5- bis

Entzaubertes Bundeskanzleramt

12köpfigen Team abgehalten wird, nur auf die Quantität und nicht auf die Qualität der Ideen an, da erfahrungsgemäß etwa 6 Prozent der Ideen brauchbar sind. Brauchbar bei verhältnismäßig einfach gelagerten Problemen von Werbeagenturen, wie etwa die Verpackung eines Produktes oder die Namensgebung für eine mit einem Wäschetrockner versehene Waschmaschine.

Wie sah nun eine solche Ideensitzung nach dem Quickborner Muster aus? Die für alle Brain-Storming-Verfahren typische Ideensammlung wird hier durch Festhalten jeder Idee auf einem farbigen Papptäfelchen durchgeführt. Die fertigen Papptäfelchen werden wie Schmetterlinge mittels einer Stecknadel auf einer Wand aufgespießt, so daß eine Art chinesischer Wandzeitung entsteht, auf der jedes Teammitglied den Sachstand der Überlegungen ablesen kann. Der Konsens des Teams führt dann zu einer Problemskizzierung (Scenario) und groben Strukturierung des Problems. Dabei erfolgt die Stimulation des kreativen Denkprozesses durch eine Manipulation von psychischen Erregungszuständen des Teams. Die psychischen Reize werden dem Team durch einen Moderator des »Quickborner Teams« vermittelt.

Da der Moderator für das Verfahren unverzichtbar ist, drängt sich die schreckliche Vision auf, wie es denn mit der politischen Planung der Bundesrepublik Deutschland bestellt sei, wenn der Moderator einmal ausfallen sollte.

Eine klare Aufgabenstellung, geschweige denn eine klare Ziel- und Mittelkombination für die politische Planung kann mit einem solchen Brain-Storming-Verfahren nicht erzielt werden, sondern lediglich eine grobe Gliederung und Strukturierung eines politischen Problems. Das Verfahren versagt bei vielschichtigen und komplizierten Problemen mit einer Vielzahl von veränderlichen Größen. Die Grenzleistungsfähigkeit dieses Verfahrens für eine politische Planung dürfte bei allen Brain-Storming-Verfahren dort liegen, wo je nach Informationsstand des Teams erste Anhaltspunkte für eine

Problemlösung gefunden werden sollen.

Die Ausarbeitung der Problemlösung muß dann anderen Verfahren überlassen bleiben. Dies alles hätte man bereits vorher aus der amerikanischen Literatur entnehmen und viel Geld sparen können.

Bei der sehr begrenzten Einsatzfähigkeit eines solchen Brain-Storming-Verfahrens für die politische Planung war es offenbar widersinnig, aus den Notwendigkeiten der Brain-Storming-Teams ein Organisationsmodell abzuleiten, das in seiner Konsequenz zur Auflösung jedweder Hierarchie und deren Ersatz durch »vermaschte« Brain-Storming-Teams führen mußte. Das Ergebnis wäre das organisierte Chaos.

Und doch tut dies Ehmke mit seinem Modell der »integrierten Abteilungsstruktur«, das »Quickborn« empfiehlt. Hiernach sollen die operativen Abteilungen einmal in der traditionellen hierarchischen Form beim regulären Geschäftsablauf und im nichthierarchischen Team bei der sogenannten politischen Planung und Zielfindung arbeiten, die sich in der beschriebenen »Ideensitzung« abspielen soll.

Die Ankündigung des Quickborner Modells und der Erprobung der integrierten Abteilungsstruktur lösen im Bundeskanzleramt eine beträchtliche Unruhe und Verdrossenheit aus, die den Betriebsfrieden gefährden. Ehmkes Ansehen sinkt ob solcher administrativer Künste unter den Gefrierpunkt. Im Amt beginnt man, den Bundeskanzler ob solcher Ratgeber zu bedauern.

Da in der Bundesrepublik Deutschland im Gegensatz zu Frankreich Lächerlichkeit nicht tödlich wirkt, muß der Personalrat handeln.

In einem offenen Brief an Ehmke vom 15. März 1971, der an alle 400 Amtsangehörigen verteilt wird, legt der Personalrat auf zehn Schreibmaschinenseiten seine Bedenken dar. Ehmkes Antwort wird ebenfalls an alle verteilt. Der Briefwechsel wird in der Tagespresse besprochen. Nach je zwei literarischen »Breitseiten« mittels offener Briefe streicht

Entzaubertes Bundeskanzleramt

Ehmke die Flagge und bittet um Feuereinstellung. Sie wird gewährt.

Ende 1971 gibt Ehmke schließlich auf und erklärt, daß es nicht gelungen sei, Programmstruktur und Haushaltsproblematik in der Planung zu verbinden, eine Erkenntnis, die er schon vorher hätte haben können, wenn er auf den Personalrat gehört hätte. Es entsteht die Reformruine Bundeskanzleramt. Als Ehmke im Herbst 1972 von Bundeskanzler Brandt sehr trocken verabschiedet wird, sind die Brain-Storming-Teams zerfallen, die »Berater« fort und das Bundeskanzleramt in einem Zustand, der lebhaft an die Ställe des Augias erinnert.

Die beamteten Konstrukteure der Planungsabteilung des Bundeskanzleramtes, welche der spätere Bundeskanzler Helmut Schmidt und der Fraktionsführer der SPD im Deutschen Bundestag Herbert Wehner nach Pressemeldungen als »Ehmke's Kleinkinderdampfmaschine« bezeichnen, setzen sich in andere Abteilungen und Ressorts ab. Zu ihrer Rechtfertigung verkünden sie, daß ja von vornherein nichts anderes beabsichtigt gewesen sei, als eine Ablaufplanung, so als ob die Ablaufplanung des Regierungsprogramms nicht seit Konrad Adenauer eine der vornehmlichsten Aufgaben des Bundeskanzleramtes überhaupt gewesen wäre.

Ehmkes Nachfolger, Staatssekretär Grabert, ist nicht der Mann, hier Wandel zu schaffen. Er ist »Amtsverweser« im wahrsten Sinne des Wortes. Seine Reformbemühungen beschränken sich auf die Idee von Großraumbüros im Neubau des Bundeskanzleramtes, gegen die Personalrat und Personal Sturm laufen, bis der Gedanke gleich nach dem Kanzlerwechsel sein Ende findet.

Am Ende der Regierungszeit Brandts, der, ohne Abschied zu nehmen, verbittert das Amt verläßt, ist das Gros des Amtes bereit, der neuen Amtsleitung die bekannte Mistgabel zu halten, wenn sie sich ihrer bedienen will.

4. Die isolierte Fortbildung

Wenn der bisherige Weg zur Modernisierung unseres Regierungs- und Verwaltungssystems von Amateurhaftigkeit und Dilettantismus geprägt war, so ist das kein Zufall, sondern ein Ausfluß der einseitigen Ausbildung der Behördenbediensteten unter dem Gedanken der Hoheitsverwaltung, wo die juristische Absicherung einer Entscheidung das Primat in der administrativen Technik und Methode hatte. Eine Aus- und Fortbildung in den Techniken und

Bundeskanzler Willy Brandt mit seinem »politischen Generalstabschef«.

Entzaubertes Bundeskanzleramt 55

Methoden der Leistungsverwaltung, die das für eine moderne Verwaltung qualifizierte Personal bereitgestellt hätte, fehlte. Die Lage war vergleichsweise so, als wenn man versucht hätte, mit einer auch noch so guten Infanterie einen Luftkrieg oder Seekrieg zu führen. Die vorhandene Lücke in der Aus- und Fortbildung sollte durch die Bundesakademie für öffentliche Verwaltung im Bundesministerium des Innern geschlossen werden. Letzterer war die Aufgabe gestellt, Methoden des modernen Management, insbesondere der modernen Führungs- und Planungslehre unter ständigem Bezug auf die Praxis zu vermitteln, die Fähigkeit zu interdisziplinärer Zusammenarbeit zu fördern, neue Planungs- und Entscheidungsmethoden zu erproben, sowie das Fachwissen im Sinne einer beruflichen Anpassungsfortbildung zu aktualisieren.

Dabei waren sich die Schöpfer der Bundesakademie darüber klar, daß eine Strukturreform nur Erfolg haben könnte, wenn sie durch eine entsprechende Änderung der Fortbildung ergänzt würde. Staatssekretär Dr. Günter Hartkopf verlautbarte, daß die Fortbildung oder die Änderung der Verwaltungsstruktur allein das gewünschte Ziel nicht erreichen könnte.

Es hätte nun am Konzept einer solchen Modernisierungsstrategie gelegen, daß die Bundesakademie ihre Leitlinien und operationalen Ziele für die Ausbildung, kurz ihre Vorgaben, die das Lehrprogramm bestimmt hätten, auf Grund der Ergebnisse und Untersuchungen der Projektgruppe für Regierungs- und Verwaltungsreform beim Bundesminister des Innern erhalten hätte; denn was gelehrt werden soll, muß ja vorher hinreichend erforscht sein. In dem Maße nun, wie Untersuchungen und Ergebnisse der Projektgruppe zur Regierungsreform fehlten oder keine Beachtung fanden, mangelte es naturgemäß an den »outputs« der Strukturreform, die zu »inputs« der Bundesakademie werden konnten oder hätten werden können.

Mit dem fehlgeschlagenen Experiment »Strukturreform« und dem allmählichen Versanden aller Bemühungen mußte zwangsläufig eine zunehmende Isolierung der Bundesakademie eintreten. Wollte sie nicht in den Sog der fehlgeschlagenen Experimente gezogen werden, so mußte sie naturgemäß nach einem neuen Konzept Ausschau halten.

Als Ansatzpunkt boten sich die Managementmethoden an, da alle anderen Aufgaben, wie Planungs- und Entscheidungsmethoden in den neuen integrierten Systemen der Planung, Steuerung und Budgetierung, von denen das US-amerikanische »Planning-Programming-Budgeting-System« (PPBS) das bekannteste ist, mit enthalten sind.

Bereits die ersten Überlegungen zur Frage der Managementtechnik der »Führung durch Ziele« (management by objectives – M.b.O.) für die öffentliche Verwaltung konfrontierten die Bundesakademie mit den grundsätzlichen Problemen einer Übernahme und Wissensvermittlung von Managementmethoden im öffentlichen Bereich. Dabei war es sehr naheliegend, gerade diese Managementtechnik zum Ausgangspunkt zu nehmen; denn

1. nimmt diese Managementtechnik im Rahmen der US-amerikanischen »Theory of management«, die auch für Organisationen der Regierung und Verwaltung gilt, einen hervorragenden Platz ein,
2. beruhen alle modernen integrierten Systeme der Planung, Steuerung und Budgetierung (PPB Familie) des Auslandes auf dieser Managementtechnik, soweit diese Systeme mit der Programmbudgettechnik arbeiten. Man kann wohl Management by objectives auch ohne Programmbudgettechnik betreiben, aber keine Programmbudgettechnik ohne Management by objectives,
3. setzen alle im deutschsprachigen Raum entwickelten Managementmodelle und -systeme, soweit sie den Anspruch erheben, auch für die öffentliche Verwaltung in Betracht zu kommen, die Technik des M.b.O. voraus.

Das Ausbildungsproblem für die Vermittlung und Anwendung der M.b.O.-Technik besteht wie bei allen anderen Managementtechniken eben darin, daß es in der Bundesrepublik ebenso wie auf dem ganzen europäischen Kontinent an einer der amerikanischen »Theory of management« vergleichbaren Doktrin fehlt, in welche die einzelnen Managementtechniken sinnvoll eingeordnet sind. Die Doktrin gibt in den USA den Bezugsrahmen ab, in den die einzelnen Managementtechniken sinnvoll eingeordnet sind.

Sieht man von einem solchen Bezugsrahmen ab, so erhält die dort herausgelöste Managementtechnik einen »rezepthaften Charakter«, den die Managementtechniken in der amerikanischen Doktrin gerade nicht haben. Eine Anwendung von Managementtechniken als Sammlung bloßer Kniffe oder Rezepte verspricht keine Aussicht auf Erfolg.

An Stelle einer Doktrin, die in Europa fehlt, könnte als Bezugsrahmen ein Managementmodell oder -system dienen, das dem sogenannten Vollständigkeitskriterium entspricht, also alle Managementfunktionen umfaßt. Es müßte sich um ein Ganzheitsmodell oder Ganzheitssystem handeln.

Bei der Suche nach einem geeigneten Bezugsrahmen wird man zunächst zwischen
a) präskriptiven Modellen und
b) deskriptiven Modellen
unterscheiden müssen.

Zu a): Präskriptive Modelle, wie zum Beispiel das Harzburger Modell, enthalten Sollvorstellungen und normative Aussagen zum Gebrauch durch die Führungskader. Bei Behörden müßte daher ein solches Modell bis in die Details zur administrativen Reife ausgearbeitet werden.

Die in den 50iger Jahren für die Privatwirtschaft entwickelten Managementmodelle waren durchweg präskriptive Modelle mit normativem Charakter, die vorwiegend die Mitarbeiterführung und die Organisation zum Gegenstand hatten, da dort in der wirtschaftlichen Praxis das Bedürfnis nach einer neuen Lehre am dringendsten und die Probleme am auffälligsten waren. Dabei versuchte man, der Praxis eine Reihe von Verhaltensweisen und Rezepten zur Verfügung zu stellen. Der Normencharakter schlug sich gewöhnlich nieder in Anweisungen für die Führung, Stellenbeschreibungen, Informationskatalogen, Delegationsprinzipien, Stellvertretungsregeln, Regeln für den Einsatz von Stäben etc.

Nun sind Mitarbeiterführung und Organisation nur zwei Aspekte der Unternehmensführung und auch einer Behördenführung. Fragen der Unternehmensführung, der Planung und Disposition sowie funktionsbezogene Probleme sind nicht minder wichtig. Kurzum Managementmodelle sollten im privaten wie öffentlichen Bereich auch die »output-Seite« der Organisation abdecken. Dies hat gegenüber den älteren Modellen den Vorteil, daß die unabhängige Variable, welche die Organisation als Mittel zum Zweck determiniert, nicht ausgeklammert wird und die Organisationsthesen, die ohne Bezug zur output- oder Leistungsseite aufgestellt werden, damit fragwürdig werden, da ja jede Organisation nur einen instrumentalen Charakter hat. Auf der anderen Seite gibt der Gedanke der Instrumentalität einer Organisation der These Gewicht, daß ein sinnvolles Modell für Mitarbeiterführung und Organisation nur dann entworfen werden kann, wenn das Konzept der Leistungsseite vorgegeben ist. Da es an entsprechenden Modellen für den öffentlichen Bereich fehlt, entwerfe ich 1972 im Auftrag der Bundesakademie das Konzept eines Ganzheitsmodells, das als deutsche Alternative zum US-amerikanischen PPBS gedacht ist. Doch eine Projektgruppe für eine Ausarbeitung dieses Modells bis zur administrativen Reife kann wegen fehlender personeller und materieller Ressourcen nicht auf die Beine gestellt werden.

Zu b): Deskriptive Modelle für Lehrzwecke.

Ein deskriptives Modell ist ein deskriptives Schema, ein begriffliches und gedankliches Ordnungsgerüst, mit dessen Hilfe inhaltliches Wissen vermittelt wird. Nur so ist es möglich, bei Vermittlung von Managementtechniken einen rezepthaften Charakter zu vermeiden. Ein deskriptives Modell muß, wenn es seinen Zweck erfüllen soll, ein sogenanntes »offenes Modell« sein und über alle Managementfunktionen Auskunft geben können, also dem Vollständigkeitskriterium der Ganzheitsmodelle entsprechen. Ein »offenes Modell« macht es auch möglich, das Modell einer sich ständig ändernden Umwelt anzupassen oder neue wissenschaftliche Erkenntnisse sinnvoll einzuordnen. Im Endergebnis kommt ein solches Modell den Lehrmethoden für den öffentlichen Dienst in Großbritannien nahe. Dort werden die zu Grunde liegenden Konzeptionen gelehrt und kein präskriptives Modell vorgegeben, da nach britischer Auffassung ein System, das erfolgreich sein soll, dem besonderen Aufgabenbereich einer Behörde angepaßt sein muß.

Im deutschsprachigen Raum ist in den Jahren 1968–1974 von der Hochschule St. Gallen in der Schweiz das einzige deskriptive Modell für den Unternehmensbereich als integriertes Konzept der Unternehmensführung entwickelt worden. Ausgehend von der Erkenntnis, daß neuere Untersuchungen eindeutig ergeben haben, daß die unerläßliche Vermittlung von Managementmethoden und Managementkonzepten und das hierzu erforderliche Wissen in einem einheitlichen Bezugsrahmen = deskriptives

Modell erworben werden muß, werden im Management-Zentrum St. Gallen alle Seminare aufeinander abgestimmt und verwenden als einheitlichen Bezugsrahmen das St. Galler Managementmodell. Auf Grund dieses Modells können im ganzen Seminarsystem auch einheitliche Begriffe benutzt werden. Bei der Entwicklung des Modells wurde der Systemsatz (System approach) und die damit verbundene kybernetische Betrachtungsweise gewählt und die Unternehmensführung als interdisziplinäre Aufgabe gesehen, was wiederum die Einbeziehung angrenzender Wissenschaften (Psychologie, Mathematik, Volkswirtschaftslehre, Rechtswissenschaft, Ingenieurwissenschaft) sicherstellt.

Ein Pendant zu einem solchen deskriptiven Modell im Bereich von Regierung und Verwaltung fehlt, obwohl ein solches Instrument zur Wissensvermittlung dringend geboten wäre.

Nun gibt es natürlich zwischen deskriptiven und präskriptiven Modellen gewisse Gemeinsamkeiten, die von der beiden vorgelagerten Metaebene herrühren; denn jedem Modell liegt von der Metaebene eine bestimmte »Modellphilosophie« zu Grunde, welche nicht losgelöst von Zeit und Raum sein kann. Je ähnlicher diese Modellphilosophien bei präskriptiven und deskriptiven Modellen sind, desto mehr können die Grundlagen der einen Modellart in die andere Eingang finden und übernommen werden. Auch ein teilweiser Funktionsaustausch erscheint möglich. Da vor dem St. Galler Modell im deutschsprachigen Raum kein deskriptives Modell verfügbar war, hat zeitweise das Harzburger Modell, das ein präskriptives Modell ist, die Funktion eines deskriptiven Modells ausfüllen müssen und sich im Bereich des einheitlichen Bezugsrahmens und der Begriffssprache wohl mehr Verdienste erworben, als in seiner Eigenschaft als präskriptives Modell.

Die hier aufgezeigte Problematik einschließlich der Bedeutung eines deskriptiven Modells für Lehrzwecke ist in der Bundesakademie durchaus erkannt worden, doch fehlen auch hierfür personelle und materielle Ressourcen, die anderwärts mit wenig Wirkung eingesetzt und verbraucht worden sind. Die Bundesakademie als einzige noch lebende und auch lebensfähige Säule der Regierungsreform ist natürlich allein nicht imstande, die gesamte Last der Regierungsreform zu tragen, wenn alle anderen Säulen schon geborsten über Nacht stürzen können. Ihr Lehrangebot ist mit der von ihr nicht verschuldeten Hypothek eines fehlgeschlagenen Experiments belastet, das zusätzliche psychologische Barrieren schafft.

Für den Personalrat des Bundeskanzleramtes wird es bei der Isolierung der Fortbildung auf den Trümmern der Regierungsreform immer schwerer, geeignete Kandidaten für das Seminarprogramm auszuwählen, da mit der gescheiterten Strukturreform auch die denkbaren Kriterien für die Auswahl zusammengebrochen sind.

IV.
Helmut Schmidt

Überwindung der Talsohle?
Ein neuer Ansatz?

Die Motivation der Amtsangehörigen

Auch die Amtsübergabe an Bundeskanzler Helmut Schmidt findet ohne den scheidenden Bundeskanzler Brandt statt. Zu groß ist die Verbitterung, zu tief der Fall von einem Höhenflug, der in die Regionen eines Halbgottes und politischen Dalai-Lamas geführt hatte. Die Amtsübergabe wird in die Mittagsstunden verlegt; denn die schwierige politische Erbschaft treibt zur Eile. Unerbittlich ist der Druck der knappen Termine und Telegramme. Es ist daher auch keine Zeit, sich von den Qualitäten der Mitarbeiter, Ratgeber und Helfer zu überzeugen. Bundeskanzler Helmut Schmidt und der neue Amtschef Staatssekretär Dr. Schüler sprechen von dem Vertrauen, das zwischen Amtsleitung, Personalrat und Belegschaft herrschen müsse. Bundeskanzler Schmidt fordert von sich aus das Personal auf, initiativ tätig zu werden und Vorschläge zu machen. Es ist ein anderer Grundton gegenüber der Vergangenheit, nicht mehr der Hochmut, die fehlende Bereitschaft, dem anderen zuzuhören, und der mangelnde Wille, sich zu verständigen. Doch glaube ich nicht, daß die Aufforderung im Amt auf einen allzu fruchtbaren Boden fällt; denn auch im Bundeskanzleramt ist das »Gesetz aller Stäbe«, das Alexander Solschenizyn in seinem Buch »August Vierzehn« im Hinblick auf den Stab der bei Tannenberg vernichtend geschlagenen 2. russischen Armee des Generals Samsonow beschreibt, nicht spurlos vorübergegangen:

> »Will man in einen hohen Stab – je höher, desto ausgeprägter –, so muß man sich darauf gefaßt machen, dort unter Egoisten und Karrieristen zu geraten, unter verkalkte und fade Lebemänner, denen es nur ums Essen und Trinken geht. Sie betrachten die Armee als eine bequeme, spiegelblanke, mit einem Teppich ausgelegte Treppe, auf deren Stufen Sterne und Sternchen verteilt werden. Ihnen kommt im Ernst nie in den Sinn, daß diese Treppe in erster Linie verpflichtet und nicht belohnt,« ...
> »Denn die Treppe ist so eingerichtet, daß nicht die Willensstarken, sondern die Schlappen, nicht die Klugen, sondern die Diensteifrigen auf ihr steigen. Wenn man sich streng nach Vorschrift, Direktive und Befehl verhält und einen Mißerfolg, eine Niederlage erlitten hat, ... – niemand wird einen Vorwurf machen!« ... »aber wehe, wenn du dich über einen Befehl hinwegsetzt, wenn du nach eigener Einsicht, aus eigenem Mut gehandelt hast – dann wird man dir sogar den Erfolg nicht verzeihen, und bei einem Mißerfolg machen sie dich fertig.« ...
> »Man brauchte sich nur nichts zuschulden kommen lassen und den Vorgesetzten nicht zu ärgern – ...«

Das deutsche Nationalübel, die Schönfärberei, die mit zum Verlust der letzten beiden Weltkriege beigetragen hatte, war schon zu Zeiten Brandts im Bundeskanzleramt sehr ins Kraut geschossen.

Die starke Betonung des Vertrauens in den Reden von Bundeskanzler Schmidt und Staatssekretär Dr. Schüler macht es unumgänglich, daß der Personalratsvorsitzende in seiner Begrüßungsansprache auf dieses Thema eingeht. Ich verweise auf die Worte des am 20. Juli 1944 ums Leben gekommenen früheren Generalstabschef Generaloberst Ludwig Beck, daß sich Vertrauen nicht organisieren, kommandieren oder erreden lasse. »Wer Vertrauen erwerben und es insbesondere in Krisenzeiten behalten will, bedarf auch einer großen Seele.« Anschließend gebe ich der Hoffnung Ausdruck, daß der neue Bundeskanzler und der neue Amtschef über diese große Seele verfügen mögen.

Die Vorschriften des Bundespersonalvertretungsgesetzes, die eine vertrauensvolle Zusammenarbeit zwischen Amtsleitungen und Personalräten festlegen, sind eben aus der Natur der Sache heraus nur Rechtsvorschriften mit begrenzter Lenkungskraft.

Da der Personalrat des Bundeskanzleramtes Mitbestimmung immer als Mitverantwortung aufgefaßt hatte, mußte er sich und später der Amtsleitung die Frage vorlegen, wie eine Reorganisation oder noch besser eine Renaissance des Amtes eingeleitet werden könnte.

Der Denkansatz konnte nur ein doppelter sein, nämlich
1. in der Konzeption des Bundeskanzleramtes und
2. in der Motivation des Personals zu erhöhter Leistung.

Nun ist die strukturelle Organisation von Regierung und Verwaltung nicht Selbstzweck, sondern dient dazu, im Rahmen der von der Verfassung gesetzten politischen Bedingungen die aufgetragenen Tätigkeiten zu erfüllen. Zu den Regierungs- und Verwaltungsaufgaben und Zielen verhält sie sich wie das Mittel zum Zweck. Sie hat daher einen instrumentalen Charakter. Es gibt damit unabhängig von den Aufgaben und Zielen keine ein für allemal perfekte Organisationsstruktur. Vielmehr muß die optimale Struktur auf Grund vorgegebener Aufgaben und Ziele jeweils neu bestimmt werden.

Die strukturelle Gestaltung im Einzelfall muß jedoch von leitenden Ideen, Zielvorstellungen und grundsätzlichen Prinzipien getragen sein.

In ihrem dritten Bericht Ende 1972 hatte die interministerielle Projektgruppe für die Reform der Struktur von Bundesregierung und Bundesverwaltung unter vollständiger Abkehr von ihren bisherigen Vorstellungen eine Programmplanung unter Anlehnung an den Haushaltsprozeß (Programmbudget) gefordert. Doch die Situation ist Mitte 1974 einer Programmplanung nicht mehr günstig; denn die Bereitschaft zu Reformen ist gesunken, ungenutzte Ressourcen, welche neue Aktionen möglich machen, fehlen und das Vertrauen in das bisherige Planungsinstrumentarium ist nicht mehr vorhanden. Eine klassische Deflationspolitik verlangt, daß alle Vorhaben der Regierung gestrichen werden, welche nicht finanzierbar sind. Man mußte also für die Zeit der Deflationspolitik nach einem anderen Konzept Ausschau halten. Hier fällt der Blick auf die USA, die mit der Enttäuschung über die Programme, die zur »Great Society« führen, Mitte der 60er Jahre die Phase der Programmplanung durch eine Phase der »Bewertung« ablösen, bei der im Rückblick ermessen werden soll, was durch die bisher getroffenen Maßnahmen erreicht worden ist. Durch Stillhalten und Bestandsaufnahme wollte man ermitteln, was an dem amerikanischen gesellschaftspolitischen Unterfangen funktioniert und was nicht. Planungstechnisch ist »Bewertung« insofern einfacher als »Programmplanung«, weil bereits Erfahrungswerte vorliegen.

Für uns hätte eine solche Konzeption noch den Vorteil, daß unsere 40 %ige Überschußkapazität, die wir bei einem Konzept »Generalsekretariat« Globke'scher Prägung gehabt hätten, sinnvoll eingesetzt werden kann.

Doch die Amtsleitung winkt ab. Vielleicht spielt dabei neben den bisherigen Fehlschlägen auch die Frage des Zeitaufwandes eine Rolle; denn eine grundlegende Reorganisation erfordert mindestens ein Jahr Zeit, und dann steht schon der Wahlkampf vor der Tür.

Nun kann man bekanntlich mit einer schlechten Organisation und gut motivierten Leuten immer noch wesentlich mehr erreichen, als mit einer auch noch so perfekten Organisation und schlecht motivierten Leuten. Der Schlüssel liegt also in der Lösung des Problems einer positiven Motivierung des Personals zur Arbeit; denn es besteht ein enger, wissenschaftlich untermauerter Zusammenhang hinsichtlich der Abhängigkeit der Arbeitsleistung in Quantität und Qualität von der Motivation. Die folgenden Erwägungen, die ich nunmehr bezogen auf das Bundeskanzleramt darstelle, sind allgemeiner Natur und können sinngemäß für jede andere Behörde herangezogen werden.

Bundeskanzler Helmut Schmidt mit dem Autor: »*Wer Vertrauen erwarten will, braucht eine große Seele*«.

Die Motivation des einzelnen Amtsangehörigen ist die Triebfeder seiner Leistungen. Dabei besteht natürlich eine enge Wechselwirkung von motivierender Umgebung und den Bedürfnissen des einzelnen, die wiederum seine Interessenlage widerspiegeln. Auch die Angehörigen des Bundeskanzleramtes werden, wie alle anderen Menschen, von ihren Interessen geleitet. Da jeder Mensch beständig versucht, seine eigenen Interessen wahrzunehmen, und zwar so, wie er sie sieht, und nicht, wie die Amtsleitung sie sieht, besteht das Problem positiver Motivierung in einer möglichst weitgehenden Harmonisierung der Interessen der Be-

Bundeskanzler Helmut Schmidt in kritischer Erwartung.

hörde mit den Interessen der in ihr Beschäftigten. Harmonisierung der Ziele von Behörde und der in ihr Beschäftigten bedeutet aber auch Humanisierung des Arbeitsplatzes; denn eine Behörde, die ein solches Konzept verfolgt, ist auch gehalten, ihre sozialen Ziele zu definieren.

Die Interessen des einzelnen fließen aus seinen Bedürfnissen. Insofern ist Motivation auch das Streben eines Menschen nach Befriedigung seiner Bedürfnisse. Die subjektiven Vorstellungen des einzelnen über das, was ihm nützt, werden damit wesentlich. McGregor und Maslow haben hierzu eine Bedürfnis-Hierarchie entwickelt, die sich wie folgt darstellen läßt:

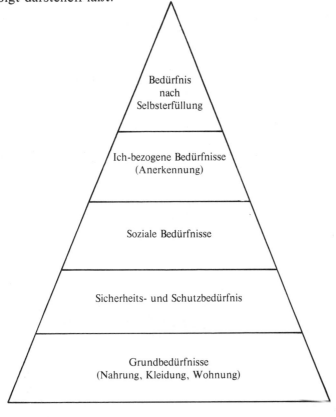

Hierarchie der Bedürfnisse bedeutet, daß die Bedürfnisse der niedrigeren Stufe (z.B. die Grundbedürfnisse Essen und Trinken) zuerst befriedigt sein müssen, bevor die nächsthöhere Stufe der Bedürfnishierarchie auftritt und wirksam wird. Ist eine Stufe der Bedürfnishierarchie befriedigt, so motiviert sie nicht mehr. Als Motivation werden dann jeweils unbefriedigte Bedürfnisse der nächsthöheren Stufe wirksam. Dabei darf man die Bedürfnisstrukturen nicht als statische Größe auffassen. Der Mensch ist ein dynamisches Wesen und bedarf daher auch dynamischer Motivierung. Dynamik bedeutet, daß es um die Erwartungen des Mitarbeiters geht. Nicht die Höhe des Gehaltes oder zumindest nicht sie allein ist entscheidend, sondern die Höhe und Aufeinanderfolge der periodischen Gehaltserhöhungen oder Beförderungen.

Geht man von dieser Bedürfnispyramide aus, so erweist sich, daß die Bedürfnisse, welche generell zu erfassen sind, gewöhnlich bis in den Raum der sozialen Bedürfnisse hin durch Gesetz oder Tarifvertrag erfaßt, geregelt und abgedeckt werden, so daß der Personalrat und die Amtsleitung die wichtige Aufgabe haben, sich um die Harmonisierung derjenigen Bedürfnisse zu bemühen, welche an der Spitze der Bedürfnispyramide stehen. Hier kann keine Rechtsnorm, kein Gesetzgeber, kein Tarifvertrag und keine Gewerkschaft weiterhelfen, da man hier die einzelne Behördenorganisation, den Organismus in seiner ganzen Individualität vor Augen haben muß. Es ist dies aber auch der Punkt, wo eine sinnvolle Kooperation und Arbeitsteilung von Personalräten und Gewerkschaften auf Grund einer gemeinsamen bis heute freilich noch fehlenden Strategie einsetzen muß.

Aus dem Vorerwähnten folgt:

1. Motivation ist nicht gleichbedeutend mit Geld oder Gehalt, obwohl es sinnlos ist, den Einfluß des Geldes, und sei es auch nur unter Prestigegesichtspunkten, zu leugnen.
2. Da ein großer Teil des Feldes, in dem sich üblicherweise Maßnahmen zum Leistungsanreiz bewegen, durch Gesetze, Rechtsverordnungen oder Tarifverträge festgelegt sind, kommen als Kerngebiete der Motivation in Frage:
a) Zukunftsaussichten in Form von
Beförderungen / Höhergruppierungen.

Dabei ist nicht nur an Beförderungen ad hoc zu denken, sondern an die gesamte Beförderungssituation im Amte. Nimmt man einem Arbeitnehmer im privaten Unternehmen oder im öffentlichen Dienst seine Zukunft, so demoralisiert man ihn. Beamte, Angestellte und Lohnempfänger, welche keine berufliche Zukunft mehr sehen, werden zwangsläufig demoralisiert und damit negativ motiviert. Daraus folgt die Notwendigkeit einer sorgfältigen Personalplanung (Anhörung des Personalrates) und als gewissermaßen letzter Umbruch der Zukunftsperspektive die Beteiligung des Personalrates am Haushaltsvoranschlag.

b) Selbstentfaltung (self-actualization).

Schaffung eines größeren individuellen Spielraumes für Initiative und Verantwortung.

In diesen Bereich gehört die Frage der Delegation, der Wunsch nach möglichst weitgehender Autonomie, kurz das Streben nach einer Rolle am Arbeitsplatz.

c) Zufriedenheit mit dem Arbeitsplatz (job satisfaction).

Delegation alleine führt noch, was z.B. das Harzburger Modell übersieht, zu keinen wesentlichen Fortschritten. Es muß noch die Zufriedenheit mit dem Arbeitsplatz hinzutreten. Unter diesen Gesichtspunkten müssen die Umsetzungen im Amt gesehen werden. Es hat keinen Zweck, Menschen an Arbeitsplätze zu binden, die für sie weder anregend sind, noch Entfaltungsmöglichkeiten bieten. Jede Kreativität, jede schöpferische Tätigkeit hängt von der Zufriedenheit des betreffenden Arbeitnehmers mit seinem Arbeitsplatz ab. Unzufriedenheit mit dem Arbeitsgebiet und Frustrationen führen bekanntlich zur negativen Motivation und damit zum Leistungsabfall. Es gilt daher, eine weitgehende Zufriedenheit der Amtsangehörigen mit ihren Arbeitsplätzen zu erreichen. In Großbritannien sind, wie ich anläßlich eines Seminars am Civil Service College (Verwaltungsakademie) in Sun-

ningdale im Juni 1974 erfahren habe, Experimente zur Frage »job satisfaction« im »Department for National Savings – Durham« erfolgreich abgeschlossen worden.
Um Erwartungen und Realität aufeinander einzustimmen und die Arbeitsmoral zu heben, muß eine weitere Beteiligung der Amtsangehörigen an der Lösung der Probleme, an denen sie teilhaben, mit dem Ziel erfolgen, die Arbeit einladender zu gestalten.
Auf Grund solcher Erwägungen hat der Personalrat des Bundeskanzleramtes an folgendes Instrumentarium gedacht und der Amtsleitung vorgeschlagen:
1. Umfrageprogramme.
Inhalt und Zweck:
a) Bloßlegen heranreifender Probleme, bevor sie größere Ausmaße annehmen, so daß man vorbeugende Maßnahmen treffen kann. Hierzu gehört auch die Diagnose bestehender ernsthafter Probleme.
b) Kennenlernen von Ansichten der Amtsangehörigen zu bestimmten Fragen. Schaffung eines Ventils für die Amtsangehörigen, um ihrem Herzen Luft zu machen.
Insgesamt erwartet der Personalrat von den Umfrageprogrammen für Amtsleitung und Personalrat eine bessere Einsicht in die Bedürfnisstruktur der Bediensteten und eine bessere Artikulation der Wünsche und Interessen der Bediensteten.
2. Bildung von »action planning groups« (Aktions-Planungsgruppen) zur Entwicklung von Lösungsvorschlägen für Spezialprobleme. Der Gedanke der »action planning groups« wird auf der englischen Civil Service Academie in Sunningdale auch für Behörden vertreten. Action planning groups sollen dazu beitragen, die Qualität des Arbeitslebens zu heben. Dabei handelt es sich um Gruppen von jeweils ungefähr 15 Personen, die auf allen Ebenen der Organisation auftreten können. Diese Gruppen betätigen sich ohne formelle Tagesordnung und ohne

eigene formale Struktur. In jeweils etwa 3-stündigen Sitzungen werden Probleme der Arbeit einzelner diskutiert und die Probleme soweit als notwendig aufgezeichnet. Einzelne Gruppenmitglieder können dann mit der weiteren Verfolgung von Empfehlungen der Gruppe beauftragt werden. Die Gruppenzugehörigkeit ist fließend; denn es können auch andere Personen von der Gruppe aufgefordert werden, an der Diskussion teilzunehmen. Erfahrungsgemäß bewegt sich die Diskussion von materiellen Fragen und Beschwerden über Vorgesetzte hin zu interpersonellen Fragen und einem gegenseitigen Meinungsaustausch. Dabei können Fortschritte auch durch Begegnungen mit anderen Gruppen erzielt werden.
Der Personalrat ist aber der Meinung, daß die Bedeutung dieser Gruppen gehoben würde, wenn je ein Mitglied der Amtsleitung und des Personalrates daran teilnehmen würden. Der Personalrat ist bereit, jeweils ein Mitglied zu entsenden.
3. Anhörungsverfahren (hearings) mit dem von einer Regelung besonders betroffenen Personenkreis.
Personalversammlungen können hearings nicht ersetzen, da es sich dabei um einen engeren Personenkreis handelt, dessen Probleme nicht von allgemeinem Interesse sind.
4. Gemischte Arbeitsgruppen aus Angehörigen der Amtsleitung und des Personalrates nach Rückkoppelung über action planning groups, hearings und Umfragen.
Die Auswahl der Instrumente muß nun wiederum jeweils dem Problem adäquat erfolgen. So hat das erste Anfang 1975 erfolgreich abgehaltene Experiment eines »hearings« zur Frage eines Auswahlverfahrens für den Aufstieg aus dem gehobenen in den höheren Dienst mit der Amtsleitung, Personalrat und Angehörigen des gehobenen Dienstes zur Bildung einer »action planning group« – (Aktionsplanungsgruppe) – des gehobenen Dienstes geführt, die unter Betei-

ligung eines Personalratsmitgliedes Alternativvorschläge für die Amtsleitung erarbeiten soll.

Wenn dieses Instrumentarium auch im Bundespersonalvertretungsgesetz nicht vorgesehen ist, so läßt das Gesetz doch hierfür Raum.

Bei der angesichts der Komplexität des Problems noch nicht abgeschlossenen Erörterung der Methodenfragen mit der Amtsleitung wird ein Mangel deutlich fühlbar, nämlich der, daß man im Grunde bei allen wissenschaftlichen Vorarbeiten, auf die man zurückgreift oder zurückgreifen muß, auf amerikanische Untersuchungen, Studien, Erkenntnisse und Ergebnisse angewiesen ist, während eigene deutsche fehlen. Das geht hin bis zur Terminologie. Hinzu kommt, daß die Masse dieser Untersuchungen auf Produktionsarbeiter abgestellt ist und nicht auf Kopfarbeiter, aus denen nun einmal oberste Behörden bestehen. In Amerika hat Peter F. Drucker schon vor Jahren verkündet, daß die Kopfarbeiter produktiv zu machen, die große Aufgabe des 20. Jahrhunderts sei. Bei uns scheint man sich damit zu begnügen, gelegentlich eine neue Vorschrift zu kreieren in der Hoffnung, daß im öffentlichen Dienst nicht sein kann, was nicht sein darf. Hier Abhilfe zu schaffen, wäre eine der vordringlichsten Aufgaben unserer Gewerkschaften, da diese ebensowenig wie Amtsleitungen und Personalräte auf die Dauer in einem von eigenständigen wissenschaftlichen Erkenntnissen luftleeren Raum operieren können.

Die Praktizierung des neuen Bundespersonalvertretungsgesetzes

Mit dem Wechsel der Kabinette Brandt/Schmidt fällt zeitlich auch das Inkrafttreten des neuen Bundespersonalvertretungsgesetzes zusammen, das zu vielen Erwartun-

Entzaubertes Bundeskanzleramt

gen und Hoffnungen im Bereich der Mitbestimmung Anlaß gegeben hat. Die Handhabung des Gesetzes bereitet erhebliche Schwierigkeiten; denn die Strukturierung des Problems, das mit dem Gesetz gelöst werden sollte, ist dem Gesetzgeber nur unzureichend gelungen. Es fehlte offenbar an einer hinreichenden Analyse des Leitungs- und Führungsprozesses der Behörden, auf den ja die Mitbestimmung bezogen ist, an einer geistigen Durchdringung des Phänomens »Behörde« als einem sozialen System und an einem genügenden prozeßorientierten Denken, das zu einer guten Strukturierung unerläßlich ist.

Bekanntlich leben wir im Zeitalter der Systemtheorie, der Systemtechnik und der Systemanwendung, wobei ein System durch eine geordnete Anzahl von Elementen charakterisiert wird, die miteinander in Beziehung stehen oder in Beziehung gesetzt werden können. Doch dem Bundespersonalvertretungsgesetz fehlt offenbar das Leitbild einer systemorientierten Behördenführung, die man auch als systemorientierte Menschenführung bezeichnen kann. Hinzu kommt, daß offenbar der Rahmen für eine gemeinsame

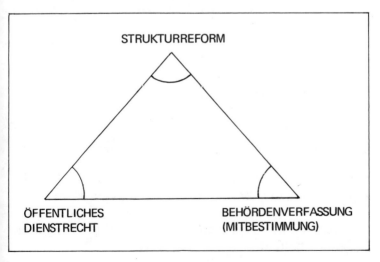

Integration von Strukturreform, öffentlichem Dienstrecht und Behördenverfassung einschließlich der Mitbestimmung mit gemeinsamen Maßstäben und Prinzipien, kurz die Konzeption eines Gesamtsystems der Regierungs- und Verwaltungsreform gefehlt hat, in dem alle 3 Teile ähnlich wie die Winkel in einem gleichseitigen Dreieck harmonisch zusammenpassen müssen.

Wie ist nun der Personalrat des Bundeskanzleramtes mit diesem Problem fertiggeworden? Wie war und ist seine Position? Dabei handelt es sich selbstverständlich nicht nur um ein spezifisches Problem des Bundeskanzleramtes, sondern um ein Problem allgemeiner Natur.

Das Bundespersonalvertretungsgesetz sieht eine Beteiligung des Personalrates in entsprechend abgestufter Form von der Mitbestimmung über die Mitwirkung bis zur Anhörung bei den unterschiedlichsten Tatbeständen vor. So bei der Einstellung, der Beförderung, der Versetzung, bei Unterstützungen, Wohnungen, bei Arbeitszeit und Urlaub, bei der Hebung der Arbeitsleistung, der Erleichterung des Arbeitsablaufes, den Ersatzansprüchen, Prüfungen, Disziplinarmaßnahmen, Haushaltsvoranschlägen, Personalplanung etc.

Alle diese Formen der Beteiligung lassen sich unter dem Gesichtspunkt einer Beteiligung am Leitungs- und Führungsprozeß einer Behörde zusammenfassen. Wenn der Personalrat seinen ihm vom Gesetz gestellten Aufgaben nachkommen will, so müssen alle diese einzelnen Tatbestände als Einzelteile oder Einzelelemente eines Systems sinnvoll zugeordnet werden. Dies ist nur möglich, wenn die Kriterien und Maßstäbe für den Entscheidungsprozeß in sich harmonisieren und bei identisch gelagerten Fällen die gleichen sind. Elemente und Kriterien müssen daher einander sinnvoll zugeordnet und zu einem System zusammengefügt werden, so daß ein geordneter vorhersehbarer Gang der Ereignisse besteht.

Der Personalrat des Bundeskanzleramtes hat daher der Amtsleitung die gemeinsame Erarbeitung eines Personalführungssystems für das Bundeskanzleramt vorgeschlagen. Ein Personalführungssystem, das von bestimmten Grundprinzipien getragen wird und Maßstäbe und Kriterien setzt, welche die einzelnen Mitbestimmungsentscheidungen einander sinnvoll zuordnen. Ein solches System macht das neue Personalvertretungsrecht überhaupt erst praktikabel. Es muß ein Zusammenhang von Maßstäben und Kriterien und die Verbindung untereinander im Sinne des ganzheitlichen Denkens gesucht werden; denn wie will man anders Tatbestände wie »Personalfragebogen«, »Beurteilungsrichtlinien«, Richtlinien anderer Art etc. mit Sinngehalt versehen.

Ein solches System hat nach unserer Auffassung folgende Vorteile:

1. Amtsleitung und Personalrat gehen bei ihrem Entscheidungsprozeß von gemeinsamen Maßstäben und Kriterien aus. Dadurch wird nicht nur die Personalpolitik transparenter, sondern auch beiderseits kalkulierbarer. Es wird nicht in jedem Einzelfalle auf Grund jeweils anderer und neuer Maßstäbe aneinander vorbeiargumentiert. Man kann jeden Einzelfall als ein Problem auffassen, das Personalrat und Amtsleitung gemeinsam zu lösen haben. Damit kommt die allgemeine Logik von Problemlösungsverfahren zur Anwendung. Bekanntlich stehen alle Probleme in einer Hierarchie der Probleme. Nachgeordnete Probleme können aber nur dann sinnvoll gelöst werden, wenn das vorgelagerte Problem gelöst ist, da der Problemlösung des höherstufigen Problems die Maßstäbe und Kriterien für die Beurteilung entnommen werden müssen. Diese Maßstäbe müssen bereits dem Personalführungssystem zu Grunde liegen.
Auf diese Weise werden die Friktionsverluste zwischen

Amtsleitung und Personalrat vermindert und der Entscheidungsprozeß rationalisiert. Letzteres stellt auch einen wesentlichen Beitrag zu der Frage dar, wie der Personalrat rechtzeitig und umfassend informiert wird, da ja jede Information im Bezugsrahmen des jeweiligen Entscheidungsmodells gesehen werden muß. Für die Einigungsstelle werden rationale Maßstäbe gesetzt, welche einer Entscheidung zu Grunde gelegt werden können. Da das Personalvertretungsrecht kein so ausgewogenes Verhältnis der Gewalten kennt wie das Staatsrecht seit Montesquieu, ist das Machtverhältnis zwischen Amtsleitung und Personalrat labil. Es muß stabilisiert werden. Wenn seitens der Amtsleitung auf Grund des ihr zur Verfügung stehenden Verwaltungsapparates mit wechselnden Kriterien und Maßstäben gearbeitet wird, ist der Argumentationsdruck der Amtsleitung gegenüber Personalrat, Einigungstelle und Gericht so groß, daß der Personalrat immer im Nachteil ist, es sei denn, er verfügt über einen ähnlichen Verwaltungsapparat wie die Amtsleitung.

2. Legt man in einem Personalführungssystem 20 oder mehr Elemente fest, über welche die Personalvertretung mit zu bestimmen und mit zu entscheiden hat, so müssen zwangsläufig auch die Elemente des Systems mitgestaltet werden, die zwar im Gesetz nicht ausdrücklich als Befugnis des Personalrates aufgeführt sind, deren gemeinsame Regelungsbedürftigkeit aber mit logischer Notwendigkeit aus den ausdrücklichen Befugnissen folgt. Aus dem Sinn des Systemgedankens muß hier eine ähnliche Ableitung in Mitbestimmung und Personalvertretungsrecht erfolgen, wie im angelsächsischen Recht bei der »ultra vires«-Lehre.

Nach angelsächsischem Korporationsrecht kann eine Körperschaft all das tun, was ihr ausdrücklich zugestanden ist oder was sich mit logischer Notwendigkeit aus diesem Zugeständnis ergibt. Handelt sie darüber hinaus,

so ist ihr Handeln nichtig.
Hierzu gehören Fragen des Führungsstils, der Führungsgrundsätze, der Dienststellenbeschreibung, der Anforderungsprofile etc. Einem Personalführungssystem muß dann wie jedem anderen Modell eine bestimmte »Philosophie« im angelsächsischen Sinne oder bestimmte Gestaltungsprinzipien zu Grunde liegen. So erfordert »vertrauensvolle Zusammenarbeit« von der Sachlogik her einen kooperativen Führungsstil und keinen autoritären oder einen des Laisser-faire.
Ein solches Personalführungssystem ist keine starre Ordnung der Dinge. Es kann auch sehr flexibel gehalten werden. So kann statt einer »Führungsanweisung« die Wahl zugunsten von »Führungsgrundsätzen« erfolgen.
Während erstere in allen Fällen bindend ist und keine Ausnahmen duldet, kann von Grundsätzen im Einzelfall abgewichen werden. Diese Abweichung muß allerdings begründet werden. Ähnliches gilt bekanntlich für die Frage des Menschenbildes, das allen Führungshandlungen zu Grunde liegt. Geht man mit McGregor von den Theorien X und Y aus, so muß nach moderner Auffassung das Menschenbild der Theorie Y zu Grunde gelegt werden, das aber situativ abgewandelt werden kann, weil es immer Menschen geben wird, die dem der Theorie Y zu Grunde liegenden Menschenbild nicht entsprechen.
Zusammenfassend wird man daher feststellen können, daß wir zur sinnvollen Handhabung des Bundespersonalvertretungsgesetzes nicht nur führungs- und leitungsgerechte Systeme, sondern auch eine systemgerechte Behördenführung fordern müssen.
Hinzu kommt allerdings noch ein Gesichtspunkt. Die bisherige Vorbereitung von Personalratsmitgliedern auf ihre Funktion, die sich bisher günstigenfalls auf den Gesetzestext des Personalvertretungsgesetzes erstreckt hat, ist in keiner Weise mehr ausreichend. Eine sachgemäße Vorberei-

tung von Personalratsmitgliedern müßte in Zukunft auch die Grundlagen der Leitungs-, Führungs- und Personalwirtschaftsprozesse mit umfassen.

Doch was vor 9 Jahren unmöglich erschienen wäre, ist nunmehr in der Zusammenarbeit von Amtsleitung und Personalrat im Bundeskanzleramt möglich geworden.

Da die Amtsleitung auf Grund arbeitsmäßiger Überlastung keine personellen Kapazitäten zur Verfügung stellen kann, schlägt sie dem Personalrat vor, seinerseits den Entwurf eines Personalführungssystems für das Bundeskanzleramt zu erarbeiten. Der Personalrat geht auf diesen Vorschlag ein und beauftragt mich, die Vorarbeiten für ein solches Personalführungssystem zu übernehmen. Ein solches Unterfangen erscheint nach dem Vorhergesagten aber nur möglich, wenn eine durchdachte Konzeption des Amtes hin-

Bundeskanzler Brandt mit Klaus Seemann: Verständnis für den Personalratsvorsitzenden.

Entzaubertes Bundeskanzleramt

sichtlich der Leistungsseite von der Amtsleitung vorgegeben wird. Videant consules.

Dabei erinnere ich mich an ein Gespräch mit dem damaligen Bundeskanzler Willy Brandt, der wie kein anderer Bundeskanzler Verständnis für die Anliegen eines leidgeprüften Personalratsvorsitzenden hatte, welcher in den damals 8 Jahren seiner Tätigkeit 5 Amtschefs als soziale Gegenspieler erdulden mußte. Es war der Betriebsausflug des Bundeskanzleramtes im Jahre 1973, als ich gegenüber Bundeskanzler Brandt feststellte, daß man bei kurzfristiger Betrachtung in der Mitbestimmungsfrage kaum Fortschritte feststellen könne, daß sie aber in mittel- oder langfristiger Perspektive beachtlich seien.

Sie könnten noch beachtlicher werden, wenn die Gewerkschaften den Personalräten geeignete Modelle für Personalführungssysteme zur Verfügung stellen könnten.

So bleibt für die Zukunft die Hoffnung auf eine bessere Praxis der Mitbestimmung und die Besinnung auf Hölderlins Worte:
»Was wäre das Leben ohne Hoffnung.«

Wenn auch die bisherige Bilanz unserer Regierungsreform ziemlich trostlos erscheint und nur wenige ermutigende Ansätze zeigt, so darf man darüber nicht resignieren; denn es könnte sonst passieren, daß die 1821 vom Reichsfreiherrn v. Stein entrollte Zukunftsvision Wirklichkeit wird, bei der er an das Bild der Doppelschlacht von Jena und Auerstedt am 14.10.1806 anknüpft, in der die veraltete preußische Militärmaschinerie, die sich wenigstens in ihrer eigenen Vorstellung für unübertrefflich gehalten hatte, sang- und klanglos zusammenbrach. Am 24. August 1821 schrieb der Mitschöpfer der modernen preußisch-deutschen Verwaltung des 19. Jahrhunderts, der Reichsfreiherr v. Stein, an den Freiherrn v. Gagern einen Brief, in dem er sich mit dem Geist der Bürokratie auseinandersetzte. »Eine Maschinerie, die militärische, sah ich fallen, 1806, den 14ten Oktober, vielleicht wird auch die Schreibmaschinerie ihren 14ten Oktober haben.« »Die Lügenhaftigkeit unserer Zeit verdient ernste Rüge.« Der widerspenstige Minister Friedrich Wilhelms III. äußert dann seinen Unmut, »daß wir fernerhin von besoldeten, buchgelehrten, interessenlosen, ohne Eigentum seienden Buralisten regiert werden.« »Diese vier Worte enthalten den Geist unserer und ähnlicher geistlosen Regierungsmaschinerien.«

Zweiter Teil

Der Spionagefall Günter Guillaume
im Bundeskanzleramt

1. Die politische Bedeutung der Affäre Guillaume

Während meiner Amtszeit als Personalratsvorsitzender des Bundeskanzleramtes ereignete sich auch jene Spionage-Affäre der jüngsten Geschichte im Bundeskanzleramt, die schlagartig die Kulissen der Entspannungspolitik mit dem Osten hinwegriß und für kurze Zeit den Krieg im Verborgenen in das Rampenlicht der Öffentlichkeit zerrte. Als am 24. April 1974 um 6.30 Uhr ein untersetzter fülliger Mann mit Goldrandbrille, 47 Jahre alt, Günter Guillaume in seiner Wohnung in Bad Godesberg wegen Verdachtes der geheimdienstlichen Tätigkeit gegen die Bundesrepublik Deutschland verhaftet wurde, erklärte er, was vorher nicht einmal die Spionageabwehr zu vermuten gewagt hätte: »Ich bin Hauptmann der Nationalen Volksarmee. Ich bitte Sie, meine Offiziersehre zu respektieren.« Obwohl früher jeder, der sich dem Degen gewidmet hatte, darauf gefaßt sein mußte, durch den Degen umzukommen, liefen bis zur Verhaftung von Hauptmann Günter Guillaume Nachrichtenoffiziere der Deutschen Demokratischen Republik keine solche Gefahr. Sie wurden, so man ihrer habhaft werden konnte, alsbald ausgetauscht. Das Berufsrisiko war gering.

Günter Guillaume, den ich nach seinem Eintritt in das Bundeskanzleramt zu Beginn des Jahres 1970 auch recht gut persönlich kennengelernt habe, hatte es im Bundeskanzleramt zu einem der drei persönlichen Referenten von Bundeskanzler Willy Brandt gebracht, war also auf der hierarchischen Stufenleiter im Bundeskanzleramt der Bundesrepublik Deutschland erheblich höher eingestuft worden als bei seiner Heimatbehörde in der Deutschen Demokratischen Republik. Einem seiner Verteidiger gegenüber soll Günter Guillaume, wie mir glaubwürdig versichert worden ist, geäußert haben, er habe sich selber gewundert, wie er im Bundeskanzleramt hochgeschossen worden sei. Folgerichtig sprach man in der ausländischen Presse auch von Bonn als einem Dorado für Ostagenten.

Günter Guillaume: Der Meisterspion, der aus der SPD kam.

Der Ermittlungsrichter des Bundesgerichtshofes erließ gegen Günter Guillaume und seine Ehefrau Christel, geborene Boom, am 24. und 25. April 1974 auf Antrag der Bundesanwaltschaft Haftbefehle.

Die Verhaftung blieb nicht ohne Auswirkung auf das Dorado; denn am 6. Mai 1974, also 14 Tage nach der Verhaf-

Entzaubertes Bundeskanzleramt

tung Günter Guillaumes, erklärte Bundeskanzler Willy Brandt in einem Schreiben an den Bundespräsidenten seinen Rücktritt vom Amt des Bundeskanzlers und begründete seinen Schritt damit, daß er die politische und persönliche Verantwortung für begangene Fahrlässigkeiten im Zusammenhange mit der Agentenaffäre Guillaume übernehme.

Der Rücktritt wurde zum außergewöhnlichen Spektakulum, als Willy Brandt seinen Rücktritt in der Öffentlichkeit auch damit begründete, daß ein deutscher Bundeskanzler sich nicht erpressen lasse. Ein weiterer Satz, den er in seinem Buch »Über den Tag hinaus« auch noch schriftlich fixierte, öffnete ebenfalls der Spekulation Tür und Tor: »Nach den Erfahrungen im Falle Guillaume war ich für Verhandlungen mit der Deutschen Demokratischen Republik und vielleicht darüber hinaus nicht mehr unbefangen genug.«

Von wem und mit welchen Mitteln ist Willy Brandt Erpressungsversuchen unterworfen worden oder von wem und mit welchen Mitteln konnte er solchen Versuchen unterworfen werden? Die in der Presse behaupteten kurzen Liebesromanzen und ehelichen Seitensprünge Willy Brandts, für die Günter Guillaume den Gelegenheitsmacher abgegeben haben soll, hätten eine so schwerwiegende Entscheidung niemals gerechtfertigt; denn Willy Brandt war nach seinen eigenen Worten kein »Säulenheiliger«. Der deutsche Bürger, dessen moralische Vorstellungen sich in den letzten Jahrzehnten sehr gewandelt haben, hätte für eine solche Entscheidung kein Verständnis aufgebracht. Den Rücktritt Willy Brandts hätte allerdings ein anderes Ereignis mehr als gerechtfertigt, das man nicht in den Bereich der Fabel verweisen oder aus dem Kreis ernsthafter historischer Betrachtungen ausschließen kann.

Im September 1974 gab der seit 13 Jahren mit Günter Guillaume befreundete Regierungsrat Hans-Christoph Toelle vom Bundesamt für den Zivilschutz, einer nachgeordneten Behörde des Bundesinnenministeriums, zu Protokoll, daß ihm ein Gespräch in »denkwürdiger Erinnerung« geblieben sei, das er einen Tag vor dem konstruktiven Mißtrauensvotum gegen Willy Brandt im April 1972 mit Guillaume geführt habe. Toelle habe dabei gegenüber Günter Guillaume geäußert, daß die Koalitionsregierung nach den Übertritten zur CDU/CSU wohl keine Chance mehr habe, sich länger zu halten. Daraufhin habe Günter Guillaume ihm gegenüber mit »Bestimmtheit entgegnet«, der Bundeskanzler verfüge über Mittel, die das sehr wohl noch möglich machten. Bei der Union gäbe es Abgeordnete, die bestechlich seien. Wörtlich habe Günter Guillaume hinzugefügt: »Der Ehmke macht das schon.« Toelle fügte noch hinzu, Guillaume habe mit seiner Bemerkung, »der Bundeskanzler verfüge über Mittel«, zweifelsfrei finanzielle Mittel gemeint.

Der Chronist kann an diesem Ereignis schon deswegen nicht vorbeigehen und dessen Ernsthaftigkeit ignorieren, weil die Bundesregierung am 19. März 1975 auf eine parlamentarische Anfrage des Abgeordneten Engelsberger (CDU/CSU), die sich auf den dargestellten Sachverhalt bezog, durch den Parlamentarischen Staatssekretär Dr. de With erklären ließ, daß die Fragen des Abgeordneten Engelsberger sich auf ein »vom Generalbundesanwalt beim Bundesgerichtshof geführtes Ermittlungsverfahren beziehen, dessen Erkenntnisse den Geheimhaltungsgrad 'VS–geheim' tragen. Sie werden verstehen, daß an dieser Stelle eine Antwort auf Ihre Fragen nicht gegeben werden kann«. Also ein Privatgespräch zwischen einem Beamten und dem noch damals in Freiheit befindlichen Spion Günter Guillaume ein Staatsgeheimnis? Merkwürdig, sehr merkwürdig.

Unterstellt, die Andeutungen Günter Guillaumes hätten den Tatsachen entsprochen und Ehmke hätte mit Wissen Brandts und unter Mitwisserschaft Günter Guillaumes CDU-Abgeordnete mit Geld zugunsten eines Votums für die Regierung Brandt/Scheel bestochen; dann allerdings

Entzaubertes Bundeskanzleramt 87

hätte der Osten über Material verfügt, bei dessen öffentlicher Bekanntgabe sich »Watergate« wie das Säuseln eines Windes zu einem Orkan verhalten hätte. Brandt und seine Regierung wären als staatsmännisch, politisch, moralisch und persönlich bankrott von diesem Orkan hinweggefegt worden. Das politische Lebenswerk Willy Brandts, die Verträge von Warschau und Moskau hätten sich dann als Ergebnis eines politischen Korruptionsskandals manifestiert, für den es in der neueren Geschichte kein Beispiel gibt. Die Ratifizierung der Verträge von Moskau und Warschau wäre dann das Ergebnis einer Korruption unter Assistenz eines NVA-Offiziers und nicht das Ergebnis der freien Entscheidung eines vom Volkswillen legitimierten Parlamentes. Bei einem solchen politischen Damoklesschwert, das der Osten jederzeit parat gehabt hätte, wäre der Rücktritt des Regierungschefs das kleinste aller denkbaren Übel und von den elementarsten Geboten politischer Taktik diktiert gewesen. Es läßt sich nicht bestreiten, daß eine solche Interpretation der einzelnen sonst unverständlichen Erklärungen Willy Brandts mit den Aussagen Toelles zumindest den Vorteil eines logischen und damit sinnvollen Zusammenhanges aufweist. Hinzu kommt, daß von seiten Günter Guillaumes als Einzelperson Erpressungsversuche nicht zu erwarten oder höchst unwahrscheinlich gewesen wären; denn so wie ich Günter Guillaume in den 4 1/2 Jahren seiner Tätigkeit im Bundeskanzleramt kennengelernt habe, war Günter Guillaume Willy Brandt in gewisser Weise auch persönlich ergeben, weil eine Regierung Willy Brandt eben nach seiner Meinung absolut notwendig war, um die Interessen seines Heimatstaates, der Deutschen Demokratischen Republik, in ausreichendem Maße zu berücksichtigen. Im übrigen hat er sich sicherlich frei von allen moralischen Skrupeln wie ein polnischer oder sowjetischer Nachrichtenoffizier im Auslandseinsatz gefühlt, so daß ihm seiner ganzen Veranlagung nach die moralische Entrüstung der Regierungsparteien, er habe den Bundeskanzler ausspioniert, völlig unverständlich sein mußte, wie übrigens anderen Amtsangehörigen im Bundeskanzleramt ebenfalls – mich eingeschlossen –; denn was die moralische Vorwerfbarkeit anlangt, macht es wohl keinen qualitativen Unterschied, ob sich die Spionage nun gegen einen Bundeskanzler oder gegen jemand anderen richtet. Für mich jedenfalls war es als Personalratsvorsitzender des Bundeskanzleramtes eine große Erleichterung zu hören, daß Günter Guillaume ein in das Bundeskanzleramt eingeschleuster Agent der DDR sei und nicht wie in der Vergangenheit im Falle des ebenfalls der Spionage überführten Oberregierungsrats Helbig, ein im Bundeskanzleramt für Spionagezwecke des Ostens angeworbener Beamter. Die Anwerbung von Beamten und Angestellten für Spionage im Bundeskanzleramt hätte auf unser Personal und seine Charaktere ein weitaus schlechteres Licht geworfen als die Einschleusung eines berufsmäßigen Agenten, dem die damalige Amtsleitung gimpelhaft ins Netz ging, obwohl alles gegen die Einstellung dieses Mannes ins Bundeskanzleramt sprach und der Personalrat im Bundeskanzleramt in diesem Falle auch die Einstellung einhellig abgelehnt hat. Hierauf werde ich später noch ausführlich zurückkommen.

Auf Grund des Rücktritts Willy Brandts löste der kommunistische Spion unmittelbare weitere Erschütterungen in der Weltpolitik aus, zunächst im Gemeinsamen Markt, dann im Nordatlantischen Verteidigungsbündnis und schließlich auf der ganzen Welt.

Der von dem kommunistischen Spion insbesondere im Zusammenhang mit den sogenannten Ostverträgen, den Verträgen von Warschau und Moskau, angerichtete Schaden ist wohl für die nähere Zukunft nicht zu übersehen und allenfalls zu vermuten. Der später zur Untersuchung des Falles Günter Guillaume eingesetzte parlamentarische Untersuchungsausschuß förderte keine Ergebnisse in dieser Richtung zutage. Vielmehr beschloß der Ausschuß übereinstimmend, die Fragen des Zuganges Guillaumes zu den geheimen Unterlagen und sonstigen nachrichtendienstlich wesentlichen Vorgängen nicht zu behandeln, da sie wesentlicher Bestandteil des gegen Günter Guillaume anhängigen Strafverfahrens seien. Hier aber wird man hinsichtlich der Höhe des angerichteten Schadens, der ja bekanntlich straferschwerend und straferhöhend wirkt, wohl kaum mit großen Bekenntnissen Günter Guillaumes rechnen können. In seinem Interesse liegt es, mit seinen Schutzbehauptungen als Angeklagter den Umfang des Schadens zu minimieren, wenn nicht ganz zu leugnen.

Die ausländische Presse war jedoch der Meinung, daß der Umfang des Schadens beträchtlich sei; denn Günter Guillaume hatte Zugang zu vielen Akten des Bundeskanzleramtes sowie zur Korrespondenz mit führenden Staatsmännern wie dem schwedischen Ministerpräsidenten Olof Palme, dem französischen Sozialistenführer François Mitterand, dem österreichischen Bundeskanzler Bruno Kreisky und dem britischen Premier Harold Wilson. Er wußte spätestens seit dem Norwegenaufenthalt mit Bundeskanzler Willy Brandt über streng geheime Vorgänge Bescheid und war Zeuge so manchen vertraulichen Gesprächs unter Spitzenpolitikern der Bundesrepublik.

Die Frage, ob Günter Guillaume auf Grund seiner Stellung und seines persönlichen Kontaktes zu Willy Brandt in irgendeiner Weise das Denken und Handeln des Bundeskanzlers und damit den Lauf der westdeutschen Politik beeinflußt hat, läßt sich bis heute nicht eindeutig beantworten. Ich vermute es indessen; denn nach einer weit im Bundeskanzleramt verbreiteten Meinung galt Willy Brandt als durch seine Umgebung manipulierbar. Man nahm im Bundeskanzleramt auch vielfach an, daß der Protektor Guillaumes im Bundeskanzleramt, der damalige Abteilungsleiter der wirtschaftspolitischen Abteilung Dr. Ehrenberg anläßlich seiner Berufung zum Staatssekretär in das Bundesministerium für Arbeit und Sozialordnung Günter Guillaume in die Umgebung Willy Brandts beförderte, um in Günter Guillaume nicht nur einen zuverlässigen Informanten in der Umgebung Willy Brandts zu besitzen, sondern auch mittels Günter Guillaume Brandt in seinem Sinne beeinflussen zu können. Wie man im Bundeskanzleramt vernehmen

Herbert Ehrenberg: Er holte Guillaume ins Bundeskanzleramt.

konnte, ging Ehrenbergs Ehrgeiz zeitweise dahin, Parlamentarischer Staatssekretär im Bundeskanzleramt zu werden. Doch das ausersehene Werkzeug Günter Guillaume war hauptsächlich das Werkzeug anderer Manipulatoren. Dem sei nun wie es wolle, jedenfalls hat Guillaume mir gegenüber nach dem Ausscheiden Ehrenbergs aus dem Bundeskanzleramt wiederholt auf seine noch bestehenden Kontakte zu Ehrenberg hingewiesen und sich auf Unterredungen mit ihm bezogen.

Was waren nun die Ursachen, die es Günter Guillaume ermöglichten, ein so erfolgreicher Spion zu werden und in ein Amt eingeschleust zu werden, das bekanntlich auf Grund seiner Aufgabenstellung und seines politischen Gewichtes insgesamt nachrichtendienstlich besonders gefährdet war und ist? Erfolgreich, obwohl im Bundeskanzleramt, einer Behörde mit erhöhtem Sicherheitsrisiko, alle Bediensteten einer Sicherheitsprüfung unterzogen werden.

Die Öffentlichkeit fragte zu Recht, wie ein DDR-Spion nicht nur in die Schaltzentrale der Regierung der Bundesrepublik, sondern sogar in das Vorzimmer des Bundeskanzlers gelangen konnte. Besonders vorsichtige und ängstliche Gemüter stellten die Überlegung an, daß wohl dann der Weg vom Vorzimmer in das Kanzlerzimmer nicht mehr weit sein könnte. Nach der Frage nach dem Schaden kam naturgemäß die Frage der Verantwortung auf; der Verantwortung von Politikern, Behörden und allen Personen, die unmittelbar oder mittelbar an der Karriere Guillaumes beteiligt gewesen waren. Diese wiederum gaben in der Öffentlichkeit laufend widersprechende Erklärungen ab.

Im Gegensatz zur Affäre Dreyfus im Frankreich der Jahrhundertwende fehlte es an einem Emile Zola, der in einer brillanten Artikelserie »Ich klage an!« (1898) den Bundeskanzler Willy Brandt, die beiden Chefs des Bundeskanzleramtes Horst Ehmke und Horst Grabert, den damaligen Innenminister Hans-Dietrich Genscher, den Präsidenten des

Bundesamtes für Verfassungsschutz Dr. Nollau, den Sicherheitsbeauftragten des Bundeskanzleramtes und die personalbearbeitenden Stellen mit ihren Fehlentscheidungen, ihren Versäumnissen und ihrem Versagen, das doch offenkundig war, auf die Anklagebank setzte.

Statt dessen wurde Günter Guillaume von den Vertretern der Regierungskoalition zu einem Superagenten hochstilisiert, der gewissermaßen mit allen Wassern gewaschen wie ein Naturereignis über das Amt hereingebrochen war, gegen das man machtlos gewesen sei. Günter Guillaume war nach meiner Kenntnis der Dinge weder ein Superagent noch irgendwie geistig hervorragend. Er wurde im Bundeskanzleramt ob seines ungewöhnlichen Lebenslaufes als bloßer untergeordneter Parteifunktionär der SPD eher wie ein seltenes Tier in einer Menagerie als ein ernstzunehmender öffentlicher Bediensteter des höheren Dienstes angesehen. Er hatte, wie ich später auch vor dem 2. Untersuchungsausschuß des Deutschen Bundestages als Zeuge bekundet habe, etwa das geistige Niveau eines Bataillonsadjutanten. Als Truppenführer oder Stabsoffizier war er sicherlich nicht geeignet. Er war ein ausgesprochener Adjutantentyp. In den östlichen Staaten, wie in Rußland, der Tschechoslowakei etc., gab es für diese Funktion früher den Rang eines Stabskapitäns, also eines Stabshauptmannes, den die deutsche Armee nicht kannte. Guillaume war bei der NVA Hauptmann, also in der DDR zutreffender eingestuft und bewertet als später im Bundeskanzleramt, wo seine Bestallung später zwischen der eines Oberstleutnants und Obersten lag. Das Bundeskanzleramt wußte eben seine Dienste besser zu schätzen als die DDR.

Das Spektakulum wurde im Sommer 1974 indessen so laut, daß die parlamentarische Opposition, die CDU/CSU-Fraktion des Deutschen Bundestages, einen parlamentarischen Untersuchungsausschuß beantragen und durchsetzen konnte, obwohl sich die Vertreter der Regierungskoalition redliche Mühe gaben, diesen 2. Untersuchungsausschuß unter Hinweis auf Erfahrungen mit früheren Untersuchungsausschüssen als unbrauchbares Instrument zur Wahrheitsfindung in Mißkredit zu bringen.

Guillaume-Ausschuß.

Diesen Vorbehalten der Vertreter der Regierungskoalition wird man eine gewisse Berechtigung nicht versagen können. Geht man mit der Theorie der Verfassungswirklichkeit davon aus, daß in der Praxis eine fast monolithische Zusammengehörigkeit von Regierung und Parlamentsmehrheit besteht, so liegen im Grunde die dem Parlament zugewiesenen Kontrollbefugnisse und damit auch die parlamentarischen Untersuchungsausschüsse nach Art. 44 GG im wesentlichen im Interesse der Opposition und nicht der Parlamentsmehrheit. Da einerseits Verantwortliche und Schuldige im Falle Günter Guillaume nach Lage der Dinge nur im Regierungslager gefunden werden konnten, andererseits aber in der Verfassungswirklichkeit Parlamentsmehrheit und Regierung eine Einheit bilden, saßen auch im 2. Untersuchungsausschuß im Falle Guillaume die Beklagten (Vertreter der Parlamentsmehrheit) über die Kläger (Opposition) zu Gericht, womit eigentlich alles gesagt ist.

Die nun einmal bei solchen Untersuchungsausschüssen vorhandenen Geburtsfehler, daß die Beklagten über die Kläger mittels der politischen und nicht etwa der rechtlichen Ratio zu Gericht sitzen, wurden im Falle Guillaume noch um ein weiteres Kuriosum vermehrt. Sachverständige und Zeugen kamen im wesentlichen aus den gleichen Behörden, die zwar nicht formal aber doch der Sache nach auf der Anklagebank saßen. Es waren teilweise also materiell gesehen weniger Zeugen als Angeklagte. Bekanntlich braucht kein Angeklagter nach unserem Strafprozeßrecht die Wahrheit zu sagen. Es wäre auch zuviel verlangt. Deshalb halten sich erfahrene Straftäter im Anklagezustand grundsätzlich daran, nur das zuzugeben, was ihnen ohnehin nachgewiesen werden kann. Alles andere wird geleugnet.

Ähnlich verhielt es sich mit den Sachverständigen in diesem Ausschuß. Auch sie schienen nicht sehr unbefangen zu agieren. Liest man ihre gutachtlichen Äußerungen wie z.B. zur tarifrechtlichen Eingruppierung von Günter Guillaume, so wird man dabei lebhaft an jenes geistliche Gericht der russisch-orthodoxen Kirche erinnert, das der große Zar Peter der Erste berief, um über die Verfehlungen und die Ahndung der Verfehlungen des Zarewitsch zu urteilen. Der Zar konnte aus den Sentenzen dieses Gerichts herauslesen, was er wollte.

Es wird daher niemand Verständigen wundern, daß der 2. Untersuchungsausschuß des Deutschen Bundestages, der sich mit dem Fall Günter Guillaume beschäftigte, nur in den Fragen der allgemeinen Einstellungs- und Umsetzungspraxis im Bundeskanzleramt unter Einbeziehung der Gesichtspunkte der Sicherheitsüberprüfung und fachlichen Qualifikation zu einem einstimmigen Ergebnis kam und die

Entzaubertes Bundeskanzleramt 95

eigentlichen Untersuchungsergebnisse und deren Würdigung jeweils in einem getrennten Votum der Mehrheit (Vertreter der Regierungskoalition) und der Minderheit (Vertreter der Opposition) geschlossen dargelegt wurden.
 Trotz erheblicher Geistes- und Füllfederhalter-Akrobatik gelang den Vertretern der Regierungskoalition die Mohrenwäsche nur unvollkommen.
 Obwohl es im gesamten Ausschuß unstreitig war, daß Günter Guillaume in das Bundeskanzleramt nicht eingestellt worden wäre, wenn alle bereits damals vorhandenen nachrichtendienstlichen Erkenntnisse präsent gewesen wären, betonte der Abgeordnete Dr. Arndt (SPD), daß es kein Mittel gebe, das Eindringen von Spionen und Agenten mit absoluter Sicherheit auszuschließen. Sehr richtig, möchte man ausrufen, doch braucht man es Spionen nicht gar zu leicht und risikolos zu machen. Vor dem absoluten Ausschluß liegen noch viele Grade der Wahrscheinlichkeit und je weniger die Koalition aus diesem Falle gelernt hat, und das ist so gut wie nichts, desto wahrscheinlicher ist die Wiederholungsgefahr im Dorado der Ostagenten. Obwohl im Einstellungsverfahren der frühere Chef des Bundeskanzleramtes sich ganz auf das Votum des Bundesamtes für Verfassungsschutz bei der Sicherheitsüberprüfung verließ und Bundesminister Genscher bei der Entlarvung und Überprüfung Günter Guillaumes insbesondere bei dem Aufkommen des Verdachtes der Spionagetätigkeit niemals Mißtrauen in das Bundesamt für Verfassungsschutz setzte, war es nach dem Abgeordneten Dr. Arndt der erschreckende und auf weite Strecken desolate Zustand der deutschen geheimen Nachrichtendienste, der das Eindringen des Spions ermöglichte. An diesem Zustand war selbstverständlich die Koalition völlig unschuldig; denn die Regierung Brandt/Scheel war ja gerade erst angetreten und hatte ihn aus den Händen der damals politisch verantwortlichen CDU-Leute Kiesinger, Carstens und Benda übernommen.

Nun kann man mit dem desolaten Zustand der Geheimdienste zwar eine fehlerhafte Sicherheitsüberprüfung, aber nicht das Einstellungsverfahren rechtfertigen, in dem der Personalrat des Bundeskanzleramtes die Einstellung Günter Guillaumes wegen fehlender fachlicher Qualifikation als einen Fall reiner Parteiprotektion abgelehnt hatte. Obwohl es sich bei dem damaligen, aus 7 Mitgliedern bestehenden Personalrat des Bundeskanzleramtes um ein von den Bediensteten des Amtes frei gewähltes Gremium handelte, von dem in der Zeitperiode der Einstellung Günter Guillaumes niemand einer politischen Partei angehörte, wohl aber 4 der 7 Mitglieder Angehörige der ÖTV waren, erklärte der Abgeordnete Kirst (FDP), es sei ja ein Personalrat aus der Zeit der CDU-Regierungen gewesen. Der Abgeordnete Hirsch (FDP) bescheinigte mir als dem Vorsitzenden eben dieses Personalrates, daß ich voller Ressentiments gegen alle anderen stecke, die politisch anders denken als ich. Mehr hatten die Vertreter der Regierungskoalition nicht vorzubringen. Es ist erstaunlich, wie der Eifer für die eigene Partei die Sinne beider Abgeordneter so vernebelt hatte, daß ihnen offenbar entgangen war, daß es die ganze Affäre Günter Guillaume mit all ihren Folgen für die Regierung Brandt/Scheel niemals gegeben hätte, wenn der damalige Chef des Bundeskanzleramtes bei der Einstellung Günter Guillaumes ins Bundeskanzleramt dem Votum des Personalrates gefolgt wäre, von dem Schaden, den Günter Guillaume sonst angerichtet hat, ganz zu schweigen.

Obwohl das Bundeskanzleramt in einer allgemeinen, ein wenig nichtssagenden Erklärung zur allgemeinen Personalpolitik mitgeteilt hatte, daß Mitarbeiter durch Stellenausschreibungen, eigene Bewerbungen und persönliche Ansprachen gewonnen und nach dem allgemeinen Grundsatz der Eignung, Befähigung und fachlichen Leistung unter Berücksichtigung allgemeiner personalwirtschaftlicher Gesichtspunkte ausgewählt werden, hielt der Abgeordnete

Hirsch (FDP) die parteipolitische Durchdringung und Politisierung des Personalkörpers im Bundeskanzleramt für so selbstverständlich, daß er betonte: »Natürlich hat bei der Einstellung Guillaumes die Parteizugehörigkeit eine Rolle gespielt. Er wäre sonst nie auf die Idee gekommen, sich im Bundeskanzleramt zu bewerben.« Das richtige Parteibuch war demnach für den Abgeordneten Hirsch die conditio sine qua non, die unerläßliche Voraussetzung für eine Einstellung im Bundeskanzleramt. Da nach seiner Auffassung alle Bewerber offenbar der gleichen Bedingung bei der Einstellung unterliegen und das gleiche Parteibuch besitzen müssen, ist nach seiner Logik eine Parteiprotektion dann eben ausgeschlossen. Daß diese seine Ausführungen einen Schlag in das Gesicht des Art. 3 GG darstellen, wonach niemand wegen seines Geschlechtes, seiner Abstammung, seiner Rasse, seiner Sprache, seiner Heimat und Herkunft, seines Glaubens, seiner religiösen oder politischen Anschauungen benachteiligt oder bevorzugt werden darf, schien den Abgeordneten Hirsch nicht zu stören. So tief wurde von ihm bereits der Rechtsstaat bewertet. So tief war der Rechtsstaat im Parlament schon gesunken.

So plump wie der Abgeordnete Hirsch (FDP) war indessen der Abgeordnete Dr. Arndt (SPD) nicht, als es galt, Günter Guillaumes fachliche Qualifikation zu retten. Mit einem Taschenspielertrick, der eines Cagliostro würdig gewesen wäre, eliminierte er das eigentliche Problem der fachlichen Qualifikation mit der Behauptung, Günter Guillaume habe sich ja im öffentlichen Dienst in der gleichen Besoldungsstufe befunden, mit der er in das Bundeskanzleramt übernommen worden sei. Zur Begründung führte er das Scheinargument an, daß die Tätigkeit Günter Guillaumes bei der Stadtverordnetenversammlung in Frankfurt auf die Dienstzeiten im öffentlichen Dienst anrechnungsfähig sei. Die Gleichung: öffentlicher Dienst = anrechnungsfähige Dienstzeit ist aber unzutreffend, weil eben nach allen Grundsätzen der Rechtslogik eine anrechnungsfähige Zeit, wie auch Studium und Militärdienst, eben keine Zeit im öffentlichen Dienst ist. Sollte der Abgeordnete Arndt denn nicht bemerkt haben, daß nach seinem Scheinargument alle Parlamente der Bundesrepublik dann eben nur noch aus öffentlichen Bediensteten bestehen würden und damit die in unserer Verfassung vorgeschriebene Gewaltenteilung insoweit aufgehoben wäre.

Das Meisterstück vordergründiger Argumentation, das mit unserer Rechtslogik unvereinbar ist, lieferte der Abgeordnete Dr. Arndt (SPD) aber für die Mohrenwäsche der Schuldigen dadurch, daß er für den damals amtierenden Bundeskanzler Willy Brandt und den damaligen Amtschef Horst Ehmke eine eigene Konstruktion der Verantwortung erfindet. Dr. Arndt ist nicht so einfältig, leugnen zu wollen, daß Willy Brandt und Horst Ehmke Verantwortung trifft. Es ist aber nur eine »politische Verantwortung«, eine Verantwortung ohne die Spur eines Schuldvorwurfes im Sinne einer Vorwerfbarkeit. Wenn man aber hier Willy Brandt nicht die Spur eines Schuldvorwurfes im Sinne einer Vorwerfbarkeit machen kann, so ist es einem normal denkenden Bürger schlechterdings unverständlich, wieso dann der Bundeskanzler Willy Brandt überhaupt zurücktrat, es sei denn wegen der von Regierungsrat Toelle bekundeten Korruption des Parlaments.

Mit einer ähnlichen Gehirnakrobatik versuchte die Mehrheit des Untersuchungsausschusses auch das Verhalten Ehmkes und seines Sicherheitsbeauftragten bei der Sicherheitsüberprüfung zur Einstellung im Kanzleramt zu rechtfertigen, indem sie an die Sicherheitsüberprüfung, die ihrem Wesen nach ja nichts anderes zutage fördern kann und soll als Sicherheitsrisiken, die Maßstäbe unseres Kriminalstrafrechtes anlegte, wo zu Gunsten des Angeklagten der Satz gilt, in dubio pro reo (im Zweifel zu Gunsten des Angeklagten) und niemand als schuldig gilt, so lange er nicht rechts-

Entzaubertes Bundeskanzleramt 99

kräftig verurteilt ist. Die Folge einer solchen Auffassung wäre nämlich die, daß die Sicherheitsüberprüfung eine unnötige Farce würde, da rechtskräftig verurteilte Agenten in Gefängnissen einsitzen oder ausgetauscht werden, während noch aktiv tätige Agenten mangels Schuldnachweisen noch nicht als Agenten gelten dürfen. Das ist offenbar ein logischer Salto mortale, der aber notwendig ist, um den Dilettantismus der Sicherheitsüberprüfung zu rechtfertigen.

Doch Dr. Arndt, dem offensichtlich große Worte wohlfeil von den Lippen gehen, ruft unter dem Beifall der Koalitionsfraktion in der Debatte des Bundestages aus:

> »Der Wahrheit und damit der Freiheit zu dienen sind wir sozialdemokratischen Mitglieder des 2. Untersuchungsausschusses vor acht Monaten angetreten. Wir legen heute das Ergebnis unserer Arbeit in Form des von unserem Kollegen Dr. Hirsch verfaßten Berichts Ihnen, meine Damen und Herren des Hohen Hauses, und damit der deutschen Öffentlichkeit mit der Bitte um kritische Prüfung vor. Wir geben unser Mandat in Ihre Hand zurück.«

Die Opposition kommt in ihrem Votum zu dem Ergebnis, daß der Fall des Spions Günter Guillaume im Bundeskanzleramt vermeidbar gewesen wäre, wenn sich nicht eine bedenkenlose SPD-Parteibuchpolitik über alle Schranken hinweggesetzt hätte. Die Verantwortung für die Einstellung Günter Guillaumes trüge in erster Linie der damalige Kanzleramtschef Professor Dr. Ehmke, der sich schwerer Dienstpflichtverletzungen schuldig gemacht habe. Unter dem Gesichtspunkt der Qualifikationserfordernisse sei die Einstellung Günter Guillaumes eine Fehlentscheidung gewesen, die ihre Ursache in sachfremden Erwägungen habe. Ehmke habe sich vorsätzlich über die Bestimmungen des Bundesangestelltentarifes hinweggesetzt. Obwohl zwei nachrichtendienstliche Hinweise auf eine frühere Agententätigkeit Günter Guillaumes vorgelegen hatten und Ehmke die Sicherheitsbedenken gegen Guillaume als nicht ausgeräumt ansah, habe er sich über diese hinweggesetzt. Von Willy

Brandt und Hans-Dietrich Genscher bis hin zum Präsidenten des Bundesamtes für Verfassungsschutz Nollau und dem Sicherheitsbeauftragten des Bundeskanzleramtes Ministerialdirigent Schlichter reichte die Kette der Angeklagten, die für schuldig befunden wurden; denn das Entscheidende lag für die Opposition darin, daß bereits 1970 die Sicherheitsdienste über Erkenntnisse verfügten, die zum Verzicht auf die Einstellung Günter Guillaumes hätten führen müssen. Ebenso hatten 1973 erhärtete Verdachtsmomente gegen Günter Guillaume nicht zur sofortigen Entfernung des Spions aus der Nähe des Bundeskanzlers geführt.

Günther Nollau: »Falsche Ratschläge«.

2. Die allgemeine personalpolitische Situation im Bundeskanzleramt um die Jahreswende 1969/1970

Auf den naheliegenden Gedanken, daß der Fall Günter Guillaume die logische Konsequenz eines Systems der Personalpolitik gewesen ist, wie es sich seit dem Regierungswechsel im Herbst 1969 unter Zertrümmerung der traditionellen Ministerialbürokratie in nahezu allen Behörden der Exekutivspitze der Bundesrepublik Deutschland etabliert hat, und daß gerade hier in einem solchen System die Wahrscheinlichkeit für die Wiederholungsgefahr eines ähnlich gelagerten Falles liegt, kommen weder Koalition noch Opposition. Man sieht den Fall und die Schuldigen oder Unschuldigen analog dem Strafverfahren nur punktuell und nicht im Gesamtzusammenhang der Ereignisse, wie sie sich mit der Machtübernahme durch die sozial-liberale Koalition entwickelt haben. Das System einer Personalpolitik der rücksichtslosen Politisierung unserer gesamten Exekutivspitze auf einer kämpferischen, ideologischen Basis, das den militanten Parteibuchbeamten schafft, der im Rollenverständnis und im Rollenkonflikt sich immer und immer wieder zuerst für seine Partei entscheiden wird, klagt niemand an. Es ist das System, das psychologisch von vornherein die Voraussetzung schafft, jeden Parteigenossen als a priori gut und vertrauenswürdig einzustufen und jeden Nichtparteigenossen als von Natur aus böse anzusehen. Es ist das System, welches das Vorurteil zur Basis hat, daß alles in der Welt nach dem Schema Schwarz gegen Weiß oder Rot gegen Blau vor sich geht, und von der Vorstellung beherrscht ist, daß alle Probleme, die Ungelegenheiten bereiten, ob es sich nun um Schwierigkeiten im In- oder Ausland handelt, das Werk des Feindes sind. Dieses von missionarischem Eifer geprägte System ist keineswegs friedlicher Natur, sondern wurzelt letztlich in klassenkämpferischen Traditionen. Der Fall Günter Guillaume steht zeitlich zusammenfallend am Beginn eines Prozesses, der sich ex post, also aus heutiger Sicht, wie folgt beschreiben läßt:

Durch die seit Beginn der sozial-liberalen Koalition übliche systematische Handhabung der Parteipatronage bei der Stellenbesetzung ist die alte traditionelle Ministerialbürokratie im Verlauf der letzten fünf Jahre im wesentlichen zerstört worden. Das Parteibuch schafft die Karriere und damit den »Parteibuchbeamten«. Für die verbliebenen Trümmer der alten Ministerialbürokratie fehlt daher jede Motivation. Die Art der Handhabung der Parteipatronage mit dem überkommenen System des öffentlichen Dienstes hat die Negativa des auf Lebenszeit angestellten Berufsbeamtentums mit den Negativa des amerikanischen »spoil-system« nicht nur addiert, sondern potenziert. Der Trend mit der immer mehr um sich greifenden Zerstörung der Ministerialbürokratie ist zumindest für die derzeitigen Koalitionspartner nicht mehr umkehrbar; denn der starke ideologische Einschlag in der Geisteshaltung der Sozialdemokratischen Partei kommt offenbar ohne die Vorstellung eines Freund-Feindverhältnisses nicht aus. Das Mißtrauen, welches das hohe politische Management namentlich des sozialdemokratischen Koalitionspartners der traditionellen Ministerialbürokratie entgegenbrachte, hatte dem Parteifunktionär und dem »Nur-Parteibuchbeamten« den Einzug in die hohe Ministerialbürokratie eröffnet mit der Wirkung, daß bei der traditionellen Ministerialbürokratie eine entsprechende Abnahme positiver Motivation zu verzeichnen war. Da die Tendenz abnehmender Motivation der Bediensteten der politischen Führung nicht verborgen bleiben konnte, wurde das Mißtrauen verstärkt. Es folgen neue Personalschübe an Parteifunktionären und Parteibuchbeamten, die wiederum einen Abfall der Motivation mit einem entsprechenden Leistungsabfall zur Folge haben. Personalschübe von Funktionären und Parteibuchbeamten eskalieren mit negativen Motivatoren schließlich solange, bis ein »Gesetz zur Wiederherstellung des Berufsbeamtentums« ein lebhaftes Echo finden würde. Die auf die Führung von manuellen Arbeitern eingestellten sozialdemokratischen Führungskader finden nicht den Weg zu den »Kopfarbeitern« der Ministerialbürokratie; es sei denn über die Erscheinung des »Mitläufers«, mit dem sich nun einmal jede an der Macht befindliche Partei auseinandersetzen muß.

Nur auf dem Boden einer solchen von der Parteipolitik durchtränkten Personalpolitik konnte sich auch der Fall des Kanzlerreferenten, des DDR-Nachrichtenoffiziers und Agenten Günter Guillaume, entwickeln, dessen Enttarnung schließlich den Anlaß zum Rücktritt der Regierung Brandt/Scheel gab. Noch bedenklicher steht es um die Führungskader der Exekutivspitze.

Soweit Parteifunktionäre ohne jede administrativen Kenntnisse und Erfahrungen und reine »Parteibuchbeamte« in den Mantel hoher politischer oder sonstiger Dienstposten des Ministerialdienstes gehüllt werden, findet sich vielfach eine Mischung von ideologisch doktrinärer Verbohrtheit, verbunden mit Vorurteilen und Scheuklappen und einer verblüffenden Unkenntnis administrativer Abläufe, so daß noch intakte Organisationseinheiten nicht mehr geführt werden können. Hinzu kommt, daß die Parteifunktionäre im Gewande staatlicher Dienstposten teilweise den ministeriellen Dienstposten als bloßen Durchlaufposten für eine politische Karriere betrachten und an einer langfristigen organischen Entwicklung ihrer Organisationseinheiten wenig oder gar nicht interessiert sind. Dies ist keine geeignete Grundlage für ein erfolgreiches »Management« der Ministerialbürokratie.

Es trennt demnach eine tiefe Zäsur die Personalpolitik, die Einstellungs- und Umsetzungspraxis im Bundeskanzleramt seit Oktober 1969 von der zeitlich vor ihr liegenden Epoche, was offensichtlich vom 2. Untersuchungsausschuß des Deutschen Bundestages nicht wahrgenommen worden ist oder wahrgenommen werden wollte, da er sonst wohl auch in dieser Hinsicht zu keinem gemeinsamen Ergebnis gekommen wäre.

Hinzu kommt noch ein weiterer Umstand. Jedes Personalführungssystem, also auch jedes Konzept einer Personalpolitik für eine Behörde setzt, wenn es sachdienlich sein will, eine Funktionsbestimmung eben dieser Behörde voraus, da nur so »Anforderungsprofile« für die Steuerung des Personaleinsatzes gewonnen werden können. Die vor Oktober 1969 bestehende Funktionsbestimmung des Bundeskanzleramtes, die sich mit einem Generalsekretariat von Kanzler und Regierung umschreiben läßt, wurde von Ehmke verlassen. Das Amt sollte als modernste Regierungszentrale die Steuerungsfunktion des Planungsverbundes der Exekutivspitze übernehmen und insofern »Frühkoordinierung« betreiben. Also auch hier ein Bruch mit der Vergangenheit.

Diese Zäsur gegenüber der vorhergehenden Epoche hat der damals amtierende Personalrat des Bundeskanzleramtes in seinem Bericht an die Personalversammlung vom 4. Februar 1970, den ich im 2. Untersuchungsausschuß zum Gegenstand meiner Aussage gemacht habe, wie folgt empfunden und beschrieben:

> »Wenn wir uns nunmehr den Gegebenheiten vom Oktober 1969 zuwenden, die sich in diesem Amt zugetragen haben und die in der in- und ausländischen Presse, ja sogar im österreichischen Wahlkampf, des langen und breiten erörtert worden sind, so geschieht das nicht, um irgend jemanden anzuklagen oder um die bisherigen Ereignisse mit der Schneiderelle kleinkarierter Schulmeisterei zu messen. Wir wollen vielmehr auf beiden Seiten, bei den Neuankömmlingen und den Alteingesessenen, Verständnis für die Situation wecken und durch gegenseitiges Verständnis zur Bewältigung der Vergangenheit beitragen und schließlich den Boden für eine echte Betriebsgemeinschaft, wo Mißtrauen und Unsicherheit fehlen, ebnen.
> Die Geschichte kennt nicht gut und böse. Sie spricht nicht davon. So berichtet die Geschichte, daß am 24. August 1572 in Paris die Bartholomäusnacht stattfand. Die Geschichte fragt nur, was sie wollte, lehrte und nützte, aber sie moralisiert nicht. Auch wir haben die Absicht, das

zu tun, soweit nicht durch die Ereignisse vom Oktober 1969 gesetzliche Vorschriften tangiert sind, auf deren Beachtung zu sehen der Personalrat gesetzlich gehalten ist.
Wenn allerdings mein Vortrag mehr politische – nicht parteipolitische – Aspekte aufweist als bisher, so liegt das eben daran, daß die Atmosphäre der Amtsleitung politischer geworden ist und ohne deren Einbeziehung ein Verständnis der Vorgänge in unserem Hause unmöglich sein dürfte.
Meine Damen und Herren, Siege, auch Wahlsiege, sind für den Sieger etwas Schönes. Da werden Wunschzettel ausgeschrieben und Belohnungen verteilt. Wie sah nun das Bundeskanzleramt in den Augen der Sieger aus? Es war sozusagen die »Zitadelle des schwarzen Korps«, wo finstere Gestalten, die selbst nachts im dunklen Kohlenkeller noch Schatten werfen, nachts mit geschwärzten Gesichtern – die Strumpfmaske vor dem Gesicht – noch weitaus finsterere Gedanken ausbrüteten und zum Leidwesen der nunmehrigen Sieger in diesem Hause 20 Jahre ihr Unwesen getrieben hatten, sozusagen eine Art christlicher Ku-Klux-Klan, geschult und perfekt im Dschungelkrieg des subversiven Behördenkampfes, jedermann ein Meister in der konspirativen Gesinnung. Hinzu kam, daß zahlreiche Professoren, besonders von der Politologie, und eine Menge von Nachwuchswissenschaftlern, die allesamt niemals eine Behörde von innen gesehen hatten, dicke Folianten im Quart darüber verfaßt haben, welch ungeheuren Machtapparat und welch einen Herrschaftsapparat das Regime Adenauer im Bundeskanzleramt aufgebaut hatte.
Es gab nahezu keinen Unsinn, der im Zusammenhang mit unserem Amt und seiner Modernisierung nicht vertreten worden ist. Hinzu kam noch der Erfahrungsgrundsatz, daß das Auswechseln des Personals in einer Behörde etwa zwei Legislaturperioden dauert.
In seiner Einführungsrede hat Herr Minister Prof. Dr. Ehmke sich auf Preußen im allgemeinen und die preußische Verwaltung im besonderen berufen. Wir müssen gestehen, daß wir uns sehr darüber gefreut haben; denn in der preußischen Armee war selbst für einen so schwierigen und unbequemen Untertanen wie Y. v. Wartenburg, der die Konvention von Tauroggen abschloß, Platz. Die preußische Verwaltung hat aber auch unser Berufsbeamtentum, ja unseren ganzen öffentlichen Dienst geprägt. Wenn Herr Bundeskanzler Brandt die Wachablösung vom Oktober 1969 als Bewährungsprobe der Demokratie bezeichnet hat, so stellte der loyale Dienst an den neuen Herren selbstverständlich auch eine Bewährungsprobe des Berufsbeamtentums, ja des ganzen öffentlichen Dienstes dar. Eine Loyalität gegenüber jedem Dienstherrn wird in der Verfassung als sittlicher Wert des

Berufsbeamtentums vorausgesetzt. Eine Diskussion darüber, daß der eine oder andere Referent oder Gruppenleiter, der der bisherigen Amtsleitung gegenüber loyal gewesen ist, nunmehr in Loyalitätskonflikte mit der neuen Amtsleitung komme, erübrigt sich daher nach dem geltenden Recht. De lege ferenda kann man die Dinge ändern, dann muß man aber auch dementsprechend die Rechtsordnung ändern. Wir sind überzeugt, daß jeder Mann in diesem Amt, gleichgültig, welche Gesinnung oder Parteirichtung er sonst vertritt, aufgrund der sittlichen und ethischen Wurzeln des Berufsbeamtentums und des öffentlichen Dienstes auch den neuen Herren dieses Hauses gegenüber seine Pflicht getan hätte und tut. Im übrigen soll man eine Institution nicht in Frage stellen, solange man nicht etwas Besseres für sie hat. Insbesondere scheint uns das »spoil-system« amerikanischer Prägung, das die Vereinigten Staaten bereits im vorigen Jahrhundert zu Gunsten eines Berufsbeamtentums nach kontinentalem Muster aufgegeben haben, keine Verbesserung zu bieten. Spoil- und Beutesystem deswegen, weil die öffentlichen Ämter bis zum Ende des vorigen Jahrhunderts in den Vereinigten Staaten jeweils als Beute der siegreichen Partei betrachtet wurden. Die Wahl wurde dann auch mit dem Ruf geschlagen: »Werft die Halunken aus ihren Posten.«

Manches, was sich seit dem Oktober 1969 in diesem Hause zugetragen hat – so die Schaffung der Beamtenkategorie der Entpflichteten –, scheint uns weniger an eine preußische Verwaltung, sondern eher an das amerikanische Spoilsystem oder an eine römische Prokuratur zu erinnern, wo der Satz galt: »vae victis« (Wehe den Besiegten). Nun ist in der Regierungserklärung von Herrn Bundeskanzler Brandt mit Recht darauf hingewiesen worden, daß eine Regierung, die von Reformen spricht, zunächst bei sich selbst anfangen müsse. Entsprechendes muß dann auch gelten, wenn die Bundesregierung unter Bundeskanzler Brandt in ihrer Regierungserklärung vom Frieden spricht. Sie muß dann auch bei sich selbst anfangen, und besonders der Bundeskanzler in seinem Amt. Der Personalrat ist der Meinung, daß die allgemeine Unsicherheit und Verunsicherung der Amtsangehörigen über ihr berufliches Schicksal ein Ende haben muß, wenn das Betriebsklima gebessert und eine echte Betriebsgemeinschaft zwischen »Alt« und »Neu« zustande kommen soll.

Gestatten Sie uns noch einige grundsätzliche Bemerkungen: Ein Spoilsystem US-amerikanischer Prägung ist weder mit der geltenden Rechtsordnung, insbesondere dem Artikel 34 Grundgesetz, noch mit dem Personalvertretungsgesetz vereinbar, da nach § 56 PVG Dienststelle und Personalrat darüber zu wachen haben, daß alle in der Dienststelle tätigen Personen nach Recht und Billigkeit behandelt werden,

insbesondere, daß jede unterschiedliche Behandlung von Personen wegen ihrer Abstammung, Religion, Nationalität, Herkunft, politischen oder gewerkschaftlichen Tätigkeit oder Einstellung oder wegen ihres Geschlechtes unterbleibt.
Sofern eine Dienststellenleitung den Boden der geltenden Rechtsordnung verläßt, muß es daher unausweichlich zu einem Konflikt mit der Personalvertretung kommen.«

Am schlimmsten steht es um die alten Kanzleramtsbediensteten in der Abteilung für Wirtschafts-, Finanz- und Sozialpolitik, in welcher der neuernannte Abteilungsleiter Dr. Ehrenberg wie ein Berserker wütet, und in der Abteilung für auswärtige und innerdeutsche Beziehungen einschließlich der äußeren Sicherheit, welche der neuernannte Staatssekretär Bahr unter seine besondere Obhut nimmt. Wer auch nur aufzumucken wagt, wird gefeuert. Dem Rauswurf der alten Bediensteten wird die prunkende Etikette »Rotation« aufgeklebt. Diejenigen Bediensteten, die man als Personalratsmitglieder oder Obmann der Schwerbeschädigten nicht los werden kann, werden in die der FDP zugesprochenen neuen Abteilung für Innere Reformen gesteckt, die kompetenzmäßig einer Gemischtwarenhandlung gleicht, aus der die wertvollsten Waren ausgelagert sind. Die Abteilung entwickelt sich sozusagen zu einer »Versprengtensammelstelle« der alten Bediensteten des Bundeskanzleramtes. Dieses Bild vor Augen, führt der Personalrat im gleichen Bericht aus:

»Da die politische Entwicklung nicht abzusehen ist und Maßnahmen dieser Art gewöhnlich zur Eskalation führen, haben wir die Frage erwogen und im Kollegenkreis erörtert, ob man nicht den Intentionen des Spoilsystems entgegenkommen sollte und eine Politisierung der Beamtenschaft im höheren Dienst ab B 3, im gehobenen Dienst ab A 13 anstreben sollte.
Wenn die Versorgungsbezüge – etwa der Weimarer Zeit entsprechend – bei 80 % einstweiliger Ruhestandsbezüge unter Anrechnung auf die ruhegehaltsfähige Dienstzeit fixiert würden, wären wohl alle personalpolitischen Probleme des Amtes gelöst, da die Masse der dann in Betracht kommenden Herren den Dienst ohnehin quittieren würde. Wir

bitten die Amtsleitung, eine solche Regelung ernsthaft zu prüfen, da sie uns menschlicher erscheint, als wenn man einer großen Beamtenschaft als einzige Tätigkeit das Spazierentragen ihrer Anzüge beläßt.«

Ehmkes Versuch, den Kreis der politischen Beamten, also der Beamten, die ohne Angabe von Gründen jederzeit in den einstweiligen Ruhestand versetzt werden können, zu erweitern, blieb ohne Erfolg. Dies war allerdings für ihn ohne Bedeutung; denn die Amtsleitung des Bundeskanzleramtes hatte sich inzwischen mit dem sogenannten Rotationsbeschluß, mit dessen Konzept der Personalrat des Bundeskanzleramtes bereits am 5. Dezember 1969, also zu Beginn des förmlichen Einstellungsverfahrens von Günter Guillaume am 4. Dezember 1969 durch die Amtsleitung vertraut gemacht wurde, ein Instrument geschaffen, das dem Rauswurf der Kanzleramtsbediensteten aus der Zeit der CDU-Regierungen ein legales Mäntelchen umhängen sollte. Wie der Zeitablauf ergab, wurde dieses Instrument tatsächlich zur »Säuberungsaktion« verwendet. Dazu stieß Ehmke, der bei seinem Amtsantritt ein brauchbares Generalsekretariat der Regierung vorfand und bei seinem Scheiden einen Augiasstall hinterließ, laut in das Bockshorn des politischen Gezeters, daß er nämlich ein funktionsuntüchtiges Amt mit einem unbrauchbaren Personal übernommen habe. In dem ihm besonders nahestehenden Nachrichtenmagazin »Der Spiegel«, das im Amt allgemein als Ehmkes »Hauspostille« bezeichnet wurde, schlug er nachdrucksam die Pauke der Staatsgefahr: Die Bundesrepublik müsse um jeden Preis vor den für einen modernen Staat unbrauchbaren Beamten aus der Zeit der CDU-Herrschaft gerettet werden, deren Rauswurf sich als eine von Ehmke der Menschheit und den Bürgern der Bundesrepublik erwiesene Wohltat darstelle.

Man mag den Rotationsbeschluß rechtlich werten, wie man will. Auf jeden Fall setzte sich Ehmke bei dem Einstellungsverfahren Günter Guillaume mit dem von ihm initiierten Rotationsbeschluß in Widerspruch, ein Verhalten, das

Entzaubertes Bundeskanzleramt

seit dem römischen Recht als arglistig (exceptio dolis generalis) bezeichnet wird. Das Bundeskanzleramt hat in seinen Auskünften an den 2. Untersuchungsausschuß die Bedeutung dieses Beschlusses bagatellisiert und ihn etwa so bewertet, wie er in den Jahren 1974/75 zu bewerten gewesen wäre. In den Jahren 1969/70, also zur Zeit der Einstellung Günter Guillaumes, sah die Situation ganz anders aus, wie sich aus dem »Bericht des Personalrates an die Personalversammlung vom 21. Oktober 1970« ergab, der den Berichtszeitraum vom 4.2.1970 – 15.9.1970 umfaßt und von mir ebenfalls zum Gegenstand meiner Aussage im 2. Untersuchungsausschuß des Bundestages gemacht worden ist.

»Personalaustausch zwischen Bundesministerien und Bundeskanzleramt (Rotation):

Nach Auffassung der Amtsleitung sind die Kabinettsbeschlüsse vom 13. November 1969 und 25. März 1970 betr. Personalaustausch zwischen Bundesministerien und Bundeskanzleramt (Rotation) sozusagen die Magna Charta der Personalpolitik des Bundeskanzleramtes, die auch für künftige Amtsleitungen, gleichgültig von welcher Partei oder Koalition gestellt, das hervorragendste Instrument der Personalpolitik bilden sollen. Um so bedauerlicher ist es daher, daß so bedeutsame Kabinettsbeschlüsse ohne vorherige Beteiligung des Personalrats erwirkt worden sind. Der Kabinettsbeschluß vom 25. März 1970, der sich seinem Wortlaut nach auf alle Beamten, Angestellten und Arbeiter des Bundeskanzleramtes erstreckt, ist dem Personalrat erst am 9. April 1970 zugeleitet worden und mit der Amtsleitung am 22. Mai 1970 besprochen worden. Wegen seiner grundlegenden Bedeutung dürfen wir ihn im Wortlaut verlesen:

Betr.: Personalaustausch zwischen den Bundesministerien und dem Bundeskanzleramt
Das Bundeskabinett hat in seiner Sitzung am 13. November 1969 zu-

stimmend davon Kenntnis genommen, daß zwischen den Bundesministerien und dem Bundeskanzleramt in stärkerem Maße als bisher ein Personalaustausch vorgenommen werden soll. (Punkt 6 der TO der Kabinettsitzung vom 13.11.1969)
Zur Durchführung des Personalaustausches wird folgende Regelung vorgeschlagen:
1. Zwischen den Bundesministerien und dem Bundeskanzleramt wird ein Personalkreislauf in Gang gesetzt. Im Austausch für im Bundeskanzleramt beschäftigte Kräfte aus den einzelnen Ressorts sowie für freie Planstellen des Kanzleramtes stellen die Ressorts dem Kanzleramt auf dessen Bitten qualifizierte Kräfte zur Verfügung.
2. Für eine Stelle, die zu besetzen ist, macht das angeschriebene Bundesministerium mindestens zwei Bewerber namhaft, damit eine Auswahl möglich ist. Die Verwendung im Bundeskanzleramt erfolgt entweder im Abordnungsverhältnis auf Zeit oder im Wege der Versetzung.
3. An das Bundeskanzleramt abgeordnete Kräfte werden bei Beförderungen oder Höhergruppierungen, die im abordnenden Bundesministerium möglich sind, genauso in Betracht gezogen, wie wenn sie nicht abgeordnet worden wären; ihre Leistungen im Bundeskanzleramt werden dabei voll berücksichtigt.
An das Bundeskanzleramt versetzte Kräfte werden im Bundeskanzleramt nur im Einvernehmen mit dem Bundesministerium, aus dem sie gekommen sind, befördert oder höhergruppiert.
4. Die dem Bundeskanzleramt zur Verfügung gestellten Kräfte treten entweder nach Ablauf einer Abordnungszeit von regelmäßig 3 Jahren oder – im Falle einer Versetzung – nach Ablauf einer angemessenen Verwendungszeit im Bundeskanzleramt wieder in die Bundesministerien zurück, aus denen sie gekommen sind.
Sie werden im Falle einer Rückversetzung mindestens in Stellen gleicher Besoldungs- oder Vergütungsgruppen wie im Bundeskanzleramt eingewiesen.
Die Aufhebung der Abordnung oder die Rückversetzung erfolgt zeitlich im Einvernehmen zwischen dem Bundeskanzleramt und dem betreffenden Bundesministerium.
5. Wird ein Beamter aus einem Bundesministerium zum Bundeskanzleramt abgeordnet oder vorübergehend in das Bundeskanzleramt versetzt, soll dem abgebenden Bundesministerium für diesen Beamten eine Leerstelle zur Verfügung gestellt werden. Wird die Abordnung des Beamten aufgehoben bzw. der Beamte in das Bundesministerium zurückversetzt, so ist er auf der Leerstelle zu führen, bis für ihn eine freie Planstelle zur Verfügung steht.

Entzaubertes Bundeskanzleramt

Der Bundesminister der Finanzen wird die hierfür erforderlichen Maßnahmen veranlassen.
6. Im Rahmen des Personalaustausches nach Ziffer 1 werden im Bundeskanzleramt tätige Kräfte, die nicht aus der Bundesverwaltung an das Bundeskanzleramt versetzt worden sind, von den Bundesministerien nach einem Verteilerschlüssel übernommen, der dem Verhältnis der Anzahl aller Planstellen der einzelnen Ressorts (ohne nachgeordnete Behörden) nach dem Stande des am 31. Dezember des Vorjahres geltenden Haushaltsplanes entspricht.

Zur Erläuterung des Beschlusses hat die Amtsleitung ausgeführt, daß man mittels des Rotationsverfahrens vermeiden wollte, Bedienstete des Hauses wie in der Vergangenheit 'von der Straße' einzustellen. Demgegenüber wolle man nunmehr qualifizierte Bewerber gewinnen. Daher sollten die Ressorts für jede in Betracht kommende Stelle zwei Personalvorschläge machen. Von der Rotation sei in erster Linie der höhere Dienst betroffen. Es könnten aber auch andere Personenkreise, also auch andere Beamtenkategorien oder Angestellte, erfaßt werden. Der Wortlaut sei bewußt so gefaßt, daß er nicht nur die Beamten erfasse. Diese Erläuterungen stehen nun offensichtlich in engem Zusammenhang mit der Aufzeichnung des Amtschefs vom 8. März 1970, wo es auf Seite 2 heißt: 'Der Grund für diese Funktionsmängel liegt in dem derzeitigen organisatorischen, personellen, technischen und baulichen Zustand des Amtes' und auf Seite 3: 'Eine unüberlegte Personalpolitik hat zu personellen Verkrustungen im Bundeskanzleramt geführt. Es fehlte an einem Personalkreislauf zwischen Ressorts und Bundeskanzleramt.'

Obwohl in diesen Passagen der Aufzeichnung des Amtschefs eine glänzende Rechtfertigung des zugegebenermaßen harten Kurses der Personalvertretung des Bundeskanzleramtes gegenüber den vergangenen Amtsleitungen liegt, hat der Personalrat die weitere Kritik in den Erläuterungen zum Rotationsbeschluß zurückgewiesen und zwar nicht nur deswegen, weil der Personalrat im Rahmen seiner Befugnisse nun auch einmal die Mitverantwortung für die Personalpolitik der Vergangenheit trägt. Würde man dieser von der Amtsleitung vertretenen Auffassung beipflichten, so gäbe es im Amt zwei Arten von Bediensteten, nämlich die ab Oktober 1969 eingestellten fachlich und administrativ hochqualifizierten Bediensteten und die wie gesagt von der Straße geholten Restbestände aus der Zeit vor Oktober 1969.

Meine sehr geehrten Damen und Herren, wer solche Maßstäbe setzt, muß sich auch mit solchen Maßstäben messen lassen. Aus diesem Grunde hat der Personalrat die Amtsleitung darauf hingewiesen, daß sich im Vergleich zur Vergangenheit nichts gebessert habe. Man kann sich zur Unterstützung solcher Behauptungen nach unserer Meinung auch nicht auf die Äußerungen von diesem oder jenem Politiker oder Beamten beziehen, der früher in der Geschichte des Hauses eine Rolle gespielt hat; denn selbstverständlich machen sich die strukturellen Schwächen des überkommenen Regierungssystems bei der Spitzenbehörde der Regierung am stärksten bemerkbar, ohne daß dies dem Personal angelastet werden könnte. Niemand kann in einer antiquierten Struktur aus dem 19. Jahrhundert etwas Zureichendes leisten, so daß das Leistungsprinzip logisch die Lösung des Strukturproblems voraussetzt. Zur Ehre derjenigen, die in diesem Amt gedient haben, dienen und noch dienen werden, darf der Personalrat darauf hinweisen, daß die Leistungen einer Organisation, also auch des Bundeskanzleramtes, ganz wesentlich von der Qualität seiner Führung abhängen.

Zu dem Kabinettsbeschluß über den Personalaustausch hat der Personalrat dann einige grundsätzliche Bedenken geäußert:

1. Nach der Aufzeichnung des Chefs des Bundeskanzleramtes vom 8. März 1970 auf Seite 18 liegen diese Pläne, also auch die Rotation, nicht im Interesse einer Partei. Auf der anderen Seite hat der Chef des Bundeskanzleramtes in der 32. Sitzung des Deutschen Bundestages am Freitag, dem 28. Februar 1970, erklärt (vgl. Stenographisches Protokoll, S. 1438–1484):

'Sie sind offenbar der Meinung, Sie regieren in diesem Lande 20 Jahre, pumpen die Ministerien und das Kanzleramt mit CDU-Leuten voll – sicherlich natürlich – und, wenn dann eine neue Regierung die Verantwortung übernimmt, übernimmt sie auf solchen zentralen Stellen Personal, das Sie unter dem Gesichtspunkt seiner politischen Loyalität zu Ihnen ausgewählt hatten. Davon ist doch wohl im Ernst nicht die Rede.'

Diese und ähnlich gleichlautende Äußerungen hat der Amtschef in zahlreichen Interviews gemacht. Der Inhalt der hier zitierten Erklärung steht aber mit Sinn und Zweck des Artikels 3 GG im Widerspruch, wonach niemand wegen seines Geschlechts, seiner Heimat und Herkunft, seines Glaubens, seiner religiösen oder politischen Anschauungen benachteiligt oder bevorzugt werden darf. Ein Rechtsakt, sei es nun eine Versetzung oder ein Kabinettsbeschluß, der gegen einen Grundgesetzartikel verstößt, beruht daher auf sachfremden Erwägungen und ist nichtig oder anfechtbar.

Da die Erklärung in der Aufzeichnung vom 8. März 1970 zu den Äußerungen des Amtschefs im Parlament im Widerspruch steht, hat der Personalrat der Amtsleitung folgenden Grundsatzbeschluß mitgeteilt. Der Personalrat geht prima facie davon aus, daß eine zulässige Versetzung im Wege der Rotation nur dann vorliegt, wenn der betreffende Beamte, Angestellte oder Arbeiter damit einverstanden ist. Nur dann wird der Personalrat einer solchen Versetzung zustimmen.

Die Bedenken des Personalrats, und auch darauf hat der Personalrat die Amtsleitung hingewiesen, sind noch dadurch verstärkt worden, daß nach Auskunft der Amtsleitung Anfang 1970, also in der Zwischenzeit zwischen den beiden Kabinettsbeschlüssen zur Rotation, der Amtschef den Bundesminister des Innern angeschrieben hat, mit der Bitte um Prüfung der Frage, ob der Kreis der politischen Beamten im Bundeskanzleramt nicht erweitert werden könnte. Da kein Beamter heute diesen und morgen jenen rechtlichen Status haben kann, vor der Rotation politischer und nach der Rotation unpolitischer Beamter sein kann oder umgekehrt, so liegt die Vermutung nahe, daß Rotation und weitere Politisierung der Beamtenschaft dem gleichen Zweck dienen sollen, nämlich die sogenannten unqualifizierten Beamten weiterhin zu dezimieren.

Auf der gleichen Ebene liegen dann die Hinweise auf die Brechung des Juristenmonopols in der wirtschaftspolitischen Abteilung, obwohl sich niemals so viele Justizjuristen im Hause befanden wie heute, die Erklärung der Amtsleitung, daß es im Bundeskanzleramt, das so starken politischen Einflüssen unterliegt, nicht möglich sei, das normale Fortkommen der Beamten zu sichern, und die zweimalige Nichtbeantwortung der Frage des Personalrats nach dem künftigen beruflichen Schicksal der Beamtenschaft durch den Amtschef, obwohl man hier gerade einen Hinweis auf das Leistungsprinzip hätte erwarten können.

Der Personalrat hat dann, um alle Bedenken in dieser oder jener Richtung auszuräumen, den Vorschlag gemacht, die Einstellung des Personals in das Bundeskanzleramt wie im öffentlichen Dienst der Vereinigten Staaten von öffentlich abzuhaltenden Konkurrenzprüfungen abhängig zu machen. Damit würde die gesamte Personalpolitik objektivierter werden.

2. Nach unserer der Amtsleitung bekanntgegebenen Meinung wird das ganze Rotationssystem als Basis der Personalpolitik nur dann durchschaubar und zu bewerten sein, wenn klargestellt und fixiert wird, ob und wann und wer zu welchem Zeitpunkt rotiert, weil sonst das Rotationssystem den Vorwand liefern kann, unter sachfremden Erwägungen mißliebige Amtsangehörige loszuwerden, und über die Zukunft jedes einzelnen Amtsangehörigen eine Atmosphäre völliger Ungewißheit geschaffen wird, die das Betriebsklima vergiftet. Ein Rotationssystem ohne feste Terminierungen erzeugt dann das glei-

che Gefühl wie im Mittelalter die ständige Drohung mit Hölle und Fegefeuer, also genau das Gegenteil dessen, was heute sonst mit einem modernen Führungsstil angestrebt wird.«

3. Das Einstellungsverfahren Günter Guillaumes

Vor diesem turbulenten Hintergrund ideologisch-parteipolitischer Personalpolitik, der freundlich gesprochen eher an Tartareneinfälle als an eine geordnete Verwaltung erinnert, spielt sich nun das Einstellungsverfahren Günter Guillaumes im Bundeskanzleramt ab, dessen Vorgeschichte im November 1969 noch vor den Augen des Personalrates verborgen ist. Genosse und Spion Günter Guillaume, seines Zeichens Geschäftsführer der SPD-Stadtverordneten-Fraktion in Frankfurt am Main, tritt an das ehemalige Vorstandsmitglied des Frankfurter Unterbezirks der SPD, den Genossen Dr. Ehrenberg heran, der es auf Grund des Regierungswechsels zum Leiter der Abteilung für Wirtschafts-, Finanz- und Sozialpolitik im Bundeskanzleramt gebracht hatte, und bittet um Förderung, Unterstützung und Empfehlung für seine Tätigkeit im Bereich des Bundeskanzleramtes, allerdings nicht für eine bestimmte Stelle, sondern generell für eine Tätigkeit.

Den Mut hierfür dürfte er nicht nur von seinem Führungsoffizier und dem allgemeinen Solidaritätsgedanken in der SPD geschöpft haben, sondern auch von der auf 1964 zurückgehenden Bekanntschaft mit Ehrenberg; denn sein beruflicher Werdegang ist für einen Bediensteten des Bundeskanzleramtes nicht nur ungewöhnlich, sondern auch wenig eindrucksvoll. Nach Günter Guillaumes Erklärungen und Papieren ergab sich folgendes Bild:
Von 1933 bis 1941 besuchte Guillaume die Volksschule in

Berlin, der eine Ausbildung als Fotograf folgte. Im Jahr 1944 gehörte Guillaume drei Monate dem Reichsarbeitsdienst an, bis er am 6. Januar 1945 zur Wehrmacht einberufen wurde. Nachdem er im Mai 1945 für die Dauer von etwa sechs Wochen in britische Kriegsgefangenschaft geraten war, arbeitete er bis zum Jahresende in Schleswig-Holstein als Landarbeiter. Von dort kehrte Guillaume 1946 nach Berlin zurück. Er arbeitete dort als Fotograf, zuletzt als Technischer Redakteur im Ostberliner Verlag »Volk und Wissen«. Am 13. Mai 1956 erreichte Guillaume mit seiner Frau West-Berlin und von dort auf dem Luftweg die Bundesrepublik, wo sich das Ehepaar am 13. Mai 1956 in Frankfurt/Main niederließ.

Dort eröffnete er mit seiner Frau am 15. August 1956 ein Schreibbüro und übernahm zum 1. September 1956 auch Vervielfältigungen und Fotokopien. Dieses Geschäft wurde bis zum 1. April 1957 betrieben. In der Zeit vom 5. November 1956 bis 28. Februar 1957 war Guillaume als kaufmännischer Angestellter im Baubüro Auweiler in Frankfurt tätig. Im Anschluß war er bis zum 31. Mai 1957 im Finken-Verlag in Oberursel/Taunus in der Abteilung Herstellung und Vertrieb sowie als Werber bei Ausstellungen beschäftigt.

Im Anschluß daran führte Guillaume ein Geschäft seiner Schwiegermutter weiter, das diese seit dem 9. Juli 1956 als Kaffeestube mit Einzelhandel betrieb.

Seit Anfang der sechziger Jahre übernahm Guillaume in zunehmendem Maße Aufträge als Werbefotograf und Journalist für die Monatszeitschrift und Wahlschriften des Bezirks Hessen-Süd der SPD. Hierbei handelte es sich um eine freiberufliche Tätigkeit. Das Einzelhandelsgeschäft wurde im Mai 1963 abgemeldet.

Nachdem Guillaume 1957 in die SPD eingetreten war und in der Folgezeit verschiedene Parteifunktionen auf örtlicher Ebene ausgeübt hatte, wurde er am 1. März 1964 Geschäftsführer für den Unterbezirk Frankfurt der SPD. Ab Mai 1968

Entzaubertes Bundeskanzleramt

arbeitete er als Geschäftsführer der SPD-Stadtverordnetenfraktion in Frankfurt; außerdem wurde er im Oktober 1968 in die Stadtverordnetenversammlung gewählt und war im Frankfurter Wahlkreis 140 Wahlkreisbeauftragter des Bundesministers Georg Leber, der bei der Bundestagswahl 1969 einen hohen Anteil an Erststimmen erreichen konnte.

Doch das rote Parteibuch mit dem Gütesiegel 1957 verdeckt alle fachlichen Blößen. Genosse Ehrenberg schlägt dem damaligen Chef des Bundeskanzleramtes, dem Genossen Professor Dr. Ehmke, den Genossen Guillaume zur Einstellung vor. Als Zeuge vor dem 2. Untersuchungsausschuß befragt, will Dr. Ehrenberg bereits zur damaligen Zeit die Absicht gehabt haben, in seiner Abteilung einen Hilfsreferenten für den Tätigkeitsbereich »Verbindung zu Gewerkschaften und Arbeitgeberverbänden« einzustellen. Für diese

Der ehemalige Chef des Bundeskanzleramtes am 12.9.1974 vor dem Parlamentarischen Untersuchungsausschuß.

Aufgabe habe er Guillaume für besonders qualifiziert gehalten, da für Gespräche mit Verbänden, erst recht mit Gewerkschaften, zwar eine akademische Vorbildung vielleicht geeignet, aber sicher nicht die ausschließliche Voraussetzung sei, »sondern der praktische Umgang mit Organisationen viel notwendiger sei.«

Entgegen allen sonstigen Gepflogenheiten der Einstellungspraxis im Bundeskanzleramt kommt es am 11. November 1969, ohne daß die für Personal zuständigen Herren der Zentralabteilung Günter Guillaume überhaupt nur zu Gesicht bekommen haben, zur Vorstellung des Genossen Guillaume beim Genossen Ehmke im Beisein des Genossen Ehrenberg. Das Resultat des Genossengesprächs zu dritt ist eine Aktennotiz Ehrenbergs, die der Gruppe Personal zugeleitet wird:

»*Referent für Verbindungen zu Gewerkschaften und Parteien*
Günter Guillaume   42, technischer Redakteur, von 1964 bis 1967 Geschäftsführer des Unterbezirks Frankfurt/M., seit 1968 Geschäftsführer der SPD-Rathausfraktion in Frankfurt/Main.«

Unter diesen Angaben zur Person vermerkte Dr. Ehrenberg handschriftlich:

»Heute bei Minister Ehmke vorgestellt, Einstellung ab 1. Januar 1970 wie besprochen (IIa).«

Bemerkenswert an dieser Aktennotiz ist, was dem 2. Untersuchungsausschuß offensichtlich entgangen ist, zweierlei:
1. Günter Guillaume sollte nicht nur die Funktion eines Hilfsreferenten, die üblicherweise von Personen mit akademischer Vorbildung wahrgenommen wird, übernehmen, sondern gleich die viel selbständigere Stufe eines Referenten bekleiden.

Die Funktion eines Hilfsreferenten sollte demnach gleich übersprungen werden.
2. Es wird von »Verbindungen zu Gewerkschaften und Parteien« gesprochen, nicht jedoch von »Arbeitgeberverbän-

den«, die erst später bei der Kompetenz Guillaumes auftauchen. Für letztere brachte er aber, wie ich aus meiner persönlichen Kenntnis und Erfahrung mit Guillaume behaupten kann, weder irgendwelche Voraussetzungen noch das geringste Verständnis mit. Dafür war der Problemhorizont Guillaumes, der auf der unteren Partei- und Gewerkschaftsfunktionärsstufe angesiedelt war, viel zu gering. Er hätte sich hier kaum artikulieren und verständlich machen können. Damit erledigen sich auch die zahlreichen Rechtfertigungsversuche der Zentralabteilung des Bundeskanzleramtes, es sei bei der Position Guillaumes nicht so sehr darauf angekommen, daß man im ministeriellen Bereich Erfahrungen habe, sondern mehr, daß man den Ansprechpartner abschätzen könne, ihn und das Metier kenne. Was die Arbeitgeberseite anlangt, so konnte Guillaume weder etwas »abschätzen«, noch kannte er das »Metier«. Auf derselben Ebene liegen dann auch die Werturteile der aus der Zentralabteilung stammenden Zeugen Dr. Kern und Ohlsson. Beide haben seine Kontaktfähigkeit, sein Organisationstalent und die dabei bewiesene Zuverlässigkeit, aber auch seine Intelligenz, die er in Gesprächen zeigte, und seinen Fleiß hervorgehoben. Ich habe dergleichen nie bemerkt, obwohl ich Günter Guillaume nach seinem Eintritt in das Bundeskanzleramt recht gut kennengelernt habe und häufiger mit ihm auch privat zusammenkam. Gelegenheiten ergaben sich dadurch, daß Guillaume »Delegierter« der ÖTV-Betriebsgruppe im Bundeskanzleramt war und ich sein Stellvertreter in dieser Eigenschaft. Hinzu kam sein starkes Interesse für den Personalrat, für den er zeitweise zu kandidieren beabsichtigte. Guillaumes Kontaktfreude blieb im Rahmen der Kumpanei, Kungelei und Klüngelei stecken. Er versuchte zwar, sich überall anzubiedern und beliebt zu machen, schaffte es aber dort nicht, wo er es besonders anstrebte. Die im Bundeskanzleramt neu gegründete SPD-Betriebsgruppe brachte er durch sein kleinkariertes »Funktionärsgehabe« ebenso an den Rand des Zusammenbruches wie die ÖTV-Betriebsgruppe. Die meisten im Amt vorhandenen Karrierebeamten aller Parteirichtungen oder auch ohne Parteibuch wollten mit ihm nichts Näheres zu tun haben oder lehnten ihn vollends ab. Im Sommer 1971, als wir einen Abend zusammen auf Bonns schönster Terrasse am Rhein in der Lese- und Erholungsgesellschaft verbrachten, beklagte sich Guillaume bei mir voller Bitterkeit, daß er zu unseren Amtsangehörigen aus dem außenpolitischen und Verteidigungsbereich keine menschlichen und gesellschaftlichen Kontakte finden könne, insbesondere, daß er gesellschaftlich ignoriert werde. Ich habe ihm damals wahrheitsgemäß geantwortet, daß er bei der Ansprache unserer Amtsangehörigen wie viele SPD-Funktionäre die Art und Weise wähle, wie man manuelle Arbeiter anspricht, jedoch nicht Angehörige des öffentlichen Dienstes, die nun einmal der Masse nach keine manuellen Arbeiter seien. Hätten wir nicht die gemeinsame Thematik »Gewerkschaft« und »Personalrat« gehabt, so hätte ich kaum gewußt, worüber ich mich sonst mit ihm hätte unterhalten können. Er paßte eben wie die Faust aufs Auge ins Bundeskanzleramt, auch in das Bundeskanzleramt der beginnenden 70er Jahre.

Doch die Herren Dr. Kern und Ohlsson sind nur noch Vollzugsorgane für die büromäßige Abwicklung der Einstellung. Die Entscheidung fiel am 11. November 1969 bei Ehmke.

Bei der Vorstellung und mit der Entscheidung Ehmkes war natürlich zugleich die Frage seiner Qualifikation für den höheren Dienst im Bundeskanzleramt mit entschieden worden, so daß den Beamten der Verwaltungsabteilung, so sie nicht gleich zu ihrem Protektor und Amtschef Ehmke in unversöhnlichen Gegensatz geraten wollten, nur der eine Weg blieb, die einschlägigen Vorschriften, ob zu recht oder zu unrecht, so auszulegen, daß der Wille des Amtschefs geschehen konnte. Das taten sie denn auch. Dazu wurde wohl ex post, denn ex ante war ja alles entschieden, vom Zentralabteilungsleiter die These vertreten, daß ein Hilfsreferent, der in der wirtschaftspolitischen Abteilung allseits verwendbar sein sollte, ohne wissenschaftliche Ausbildung nicht auskomme, daß aber Günter Guillaume eine Spezialaufgabe bekommen sollte. Doch auch dieser Rechtfertigungsversuch stand rechtlich auf sehr schwachen Füßen.

Die Vergütungsgruppe II a BAT umfaßt »Angestellte mit abgeschlossener wissenschaftlicher Hochschulbildung und mit entsprechender Tätigkeit sowie Angestellte, die aufgrund gleichwertiger Tätigkeit und ihrer Erfahrungen entsprechende Tätigkeiten ausüben« (Allgemeine Vergütungsordnung für den Bereich des Bundes und der Länder – Anlage 1 a zum BAT).

Für das Tatbestandsmerkmal »gleichwertiger Tätigkeit«, das für Günter Guillaume in Betracht kam, genügt es nämlich nicht, daß sich die Fähigkeiten sonstiger Angestellter, die aufgrund gleichwertiger Fähigkeiten und Erfahrungen nach II a BAT eingruppiert werden sollen, auf ein eng begrenztes Teilgebiet beschränken, ein solcher Angestellter muß vielmehr vielseitiger verwendbar sein (so das Bundesarbeitsgericht in seinem Urteil vom 26. Juli 1967, 4 AZ P 433/66 in AP Nummer 10 zu §§ 22, 23 BAT).

Dies war Günter Guillaume nun einmal nicht. Im 2. Untersuchungsausschuß des Deutschen Bundestages haben sich die Vertreter der Koalition sehr viel Mühe gegeben, die Qualifikation Guillaumes für den höheren Dienst im Bundeskanzleramt nachzuweisen und damit einen Ermessensmißbrauch Ehmkes auszuräumen. Doch die dazu mobilisierten Sachverständigen aus dem Kreise der mitangeklagten Bürokratie konnten zu Gunsten Günter Guillaumes eben auch nichts anderes anführen als Guillaumes Laufbahn als kommunaler Parteifunktionär. Da der Sachverständige des Bundesministeriums des Innern Ministerialrat

Dimpker nicht leugnen konnte, daß Bewerber mit Volksschulabschluß wie Günter Guillaume – ein Zeugnis über den erfolgreichen Abschluß der Volksschule hatte Guillaume nicht vorgelegt – im Bundesministerium des Innern in der Regel nur für den einfachen Dienst oder für einfache Büroarbeit in Frage kämen, versuchte er mit dem Hinweis zu retten, was zu retten war, daß im Gegensatz zum Beamtenrecht das Angestelltenrecht von dem Prinzip der Tätigkeitsmerkmale beherrscht wird, so daß es im Tarifrecht entscheidend auf die Ausübung der Tätigkeiten und nicht auf den Bildungs- und Werdegang ankommt. Dabei übersah Dimpker geflissentlich, daß Günter Guillaume ja noch gar nicht eingestellt war, also noch gar keine Tätigkeiten wahrgenommen hatte. Dimpkers Argument könnte demnach nur für die spätere Karriere Guillaumes im Bundeskanzleramt herangezogen werden.

Doch wenn man einmal von den Streitigkeiten im 2. Untersuchungsausschuß zwischen den Vertretern der Koalition und der Opposition absieht, so gibt es noch ein wesentlich wirksameres Argument, das Ehmkes Entscheidung eindeutig als Ermessensmißbrauch charakterisiert. Würden nämlich Guillaumes angegebene Qualifikationen für den höheren Dienst ausreichen, so kämen für den gehobenen, den mittleren und einfachen Dienst nur noch Analphabeten, und zwar nicht nur geistige Analphabeten, sondern auch Analphabeten in dem buchstäblichen Sinne des Wortes in Frage. Da eine solche Interpretation des Tarifrechts zu einem unhaltbaren Ergebnis führt, kann sie nur unzutreffend und falsch sein. In Wahrheit zeigt hier die Parteiendemokratie schon bedenkliche Entartungserscheinungen. Wer nämlich mit einem Tropfen Salböls vom richtigen Baum der Parteierkenntnis gesalbt ist und das heilige Feuer der richtigen ideologischen Parteiansicht in sich lodern fühlt und durch sein Parteibuch beweisen kann, besitzt im voraus bereits alle Qualifikationen, welche dieser Staat zu vergeben hat. Eine Entartungserscheinung, bei der man sich auch nicht auf den Erfinder des »Spoil (Beute)-Systems«, den US-amerikanischen Präsidenten Andrew Jackson berufen kann; denn Andrew Jackson ging im Jahre 1828, als die USA noch ein wenig komplizierter Agrarstaat waren, davon aus, daß alle öffentlichen Ämter so einfach gestaltet werden können oder sind, daß sie jeder durchschnittlich begabte Bürger der Vereinigten Staaten ausfüllen und wahrnehmen könne. Gerade das Gegenteil behaupten in der Theorie insbesondere die Vertreter der SPD, daß nämlich unser Staat ein so kompliziertes Gebilde geworden ist, daß man ohne wissenschaftlichen Sachverstand und ohne wissenschaftliche Entscheidungshilfe nicht mehr auskommen könne. Die wissenschaftliche Beratung der Politik wird hier ganz groß geschrieben.

Dies alles reizt den spekulativen Geist zur Überlegung, wie sich denn die Situation gestaltet hätte, wenn die Spionage ausländischer Mächte auf das Reservoir von Karrierebeamten, sei es nun im Wege der Einschleusung oder Anwerbung, angewiesen wäre. Der ausländische Führungsoffizier im Nachrichtendienst wäre wohl bei einem auf der beamteten Ochsentour dahinschleichenden Beamten eher in Verzweiflung geraten und in Pension gegangen, bevor irgendwelche auch nur bescheidene Spionageresultate sich am Horizont abgezeichnet hätten. Ein Günter Guillaume auf der beamteten Ochsentour scheint nicht vorstellbar.

Diese hier geschilderte Vorgeschichte der Einstellung, die das anschließende förmliche Einstellungsverfahren Günter Guillaumes zu einem schlecht gespielten Stück eines Schmierentheaters herabwürdigt, vollzieht sich völlig unbemerkt vor den Augen des Personalrates. Da im Grunde genommen die Einstellung Guillaumes auf der Chefetage entschieden worden ist, hatten auch die »Zentralen des Hausklatsches« nichts bemerkt und bemerken können. So landete das vom 4. Dezember 1969 datierte Schreiben des dama-

ligen Chef des Bundeskanzleramtes an den »Herrn Vorsitzenden des Personalrates *im Hause*« völlig unerwartet auf meinem Schreibtisch:
>»Ich beabsichtige, Herrn Günter Guillaume, geb. am 1. Februar 1927, ab 1. Januar 1970 als Angestellten nach der Vergütungsgruppe II a BAT einzustellen. Herr Guillaume ist für eine Verwendung innerhalb der Abteilung III vorgesehen. Die näheren Angaben wollen Sie bitte der beigefügten Fotokopie des Personalbogens entnehmen, die ich nach Einsichtnahme wieder an mich zurückzuleiten bitte.
>Ich bitte, hierzu die Stellungnahme des Personalrates herbeizuführen.
>
>Im Auftrag
>gez. Dr. Kern
>(Dr. Kern)«

Aus der beigefügten Fotokopie des am 28.11.1969 von Günter Guillaume in Frankfurt ausgefüllten Personalbogens ergab sich, daß *Günter*, Karl Heinz Guillaume am 1. Februar 1927 in Berlin als deutscher Staatsangehöriger geboren und als Fraktionsgeschäftsführer seit dem 1. September 1967 in Frankfurt a. Main wohnte. Sein Vater Karl Guillaume war Musiker gewesen und 1948 verstorben, seine Mutter Johanne Mittag, verw. Guillaume, geb. Loebe, war Postangestellte in Berlin, Chorinerstraße 81.

Günter Guillaume hatte am 12. Mai 1951 Christel Guillaume, geb. Boom und eine Deutsche geheiratet. Der Ehe war ein Kind, Pierre, entsprossen, das am 8. April 1957 geboren worden war. Als Schulbildung gab Guillaume an, von 1933 – 1941 die Volksschule und von 1941 – 1943 die Berufsfachschule (Graphisches Gewerbe) besucht zu haben. Von 1944 – 1945 wollte Guillaume drei Monate im Reichsarbeitsdienst, in der Wehrmacht (Heer) und nach der Kapitulation in britischer Kriegsgefangenschaft gewesen sein.

Auch die Angaben über seine Berufstätigkeit waren wenig eindrucksvoll und lückenhaft:

»1943 bis 1944 Volontärzeit Atlantik-Verlag Berlin
1946 bis 1950   freiberuflich tätig

1951 bis 1955	technischer Redakteur Verlag »Volk und Wissen«, Berlin
1956	Sachbearbeiter Baubüro Hans Auweiler, Frankfurt/Main
1957	technischer Redakteur Finken-Verlag Oberursel im Taunus
1958 bis 1963	freiberuflich tätig
1964 bis 1968	Geschäftsführer, SPD-Unterbezirk Frankfurt/Main
seit 1.Mai 1968	Geschäftsführer SPD-Stadtverordnetenfraktion Frankfurt/Main.«

Dagegen war die Spalte »Bemerkungen« geradezu darauf getrimmt, jedes echte SPD-Herz höher schlagen und jedes Nicht-SPD-Herz in die Hose fallen zu lassen:

»Mitglied der Stadtverordnetenversammlung der Stadt Frankfurt am Main,
Mitglied der Regionalen Planungsgemeinschaft Untermain,
Mitglied des Aufsichtsrates der Aktienbaugesellschaft für kleine Wohnungen, Frankfurt a.M.,
Mitglied des Aufsichtsrates des Bauvereins für Höchst und Umgebung, Frankfurt a.M.,«

Sonstige Bewerbungsunterlagen waren nicht beigefügt. Dies war die ganze Entscheidungsgrundlage für den Personalrat.

Ich kann nicht verhehlen, daß mich ein seltsames Gefühl beschlich, als ich den Fragebogen dieses Mannes, den ich zu diesem Zeitpunkt ebensowenig wie die anderen Personalratsmitglieder persönlich kannte, sah. Es war das Gefühl, von dem alten Bundeskanzleramt, das noch fast ein Jahrzehnt von seiner ruhmreichen Vergangenheit unter Adenauer und Globke gezehrt hatte, endgültig Abschied nehmen zu müssen; denn wenn der höhere Dienst in Zukunft nur noch von Parteifunktionären ohne jede Voraussetzung wahrgenommen werden sollte, so gab es nur noch den Schluß, daß – wie in allen sozialistischen Staaten – immer das Parteiinteresse vor dem Staatsinteresse rangieren müsse und daher das Bundeskanzleramt einen Funktionswandel zum Befehlsempfänger der SPD-Parteizentrale durchlaufen sollte.

Das Sterbegeläut für das traditionelle Berufsbeamtentum in unserem Amt und in der gesamten Exekutivspitze war bei der hier zutage tretenden Grundeinstellung der Leitung nicht mehr zu überhören. Hier mußte meiner Ansicht nach eine Schranke errichtet werden. Eine Ablehnung dieses Antrages mußte indessen zu einer harten Konfrontation mit der Amtsleitung führen und gleich zu Beginn der Legislaturperiode dann das Verhältnis von Amtsleitung und Personalrat belasten. Der Entscheidungsprozeß des Personalrates würde nicht einfach sein, doch der Personalrat des Bundeskanzleramtes um die Jahreswende 1969/1970 war eine sogenannte »Reife Gruppe«. Was bedeutet das?

Als Gruppe unterliegt der Personalrat – wie alle anderen Gruppen – den Gesetzen der Gruppendynamik, die das Kräftespiel zwischen den Personen in einer Gruppe kennzeichnet. Treffen sich mehrere Personen zu einer Gruppenarbeit, so wird die Ausgangssituation im psychologischen Sinne durch das sogenannte »Johari Fenster« gekennzeichnet, einem Modell, das die Entwicklungsgesetze einer Gruppe veranschaulichen und verdeutlichen soll.

	Dem Selbst bekannt	Dem Selbst nicht bekannt
Anderen bekannt	I Bereich der freien Aktivität	II Bereich des blinden Flecks .....
Anderen nicht bekannt	III Bereich des Vermeidens oder Verbergens	IV Bereich der unbekannten Aktivität

Was bedeuten nun die einzelnen Quadranten?

Quadrant I: ist der *Bereich der freien Aktivität* und sagt uns etwas über die Verhaltensweisen und Motivationen, die einem selbst und anderen bekannt sind. Wenn wir gute Freunde haben, so kennen wir genau deren Reaktionen, Denk- und Verhaltensweisen. Treffen wir einen unbekannten Menschen, so sind wir zunächst abwartender Haltung und versuchen, Informationen und Eindrücke über ihn zu erfahren.

Quadrant II: ist der bekannte *Bereich des »blinden Flecks«*. Andere sehen in uns Dinge, von denen wir selbst nichts wissen. Das treffendste Beispiel hierfür ist, daß wir nur unzureichend oder so gut wie gar nicht wissen, wie wir eigentlich auf andere wirken. Oder: Andere wissen über Dritte über uns Bescheid, wir selbst aber wissen nicht über was.

Quadrant III: ist der *Bereich des Vermeidens oder Verbergens*. Wir selbst wissen Dinge, teilen dies jedoch anderen nicht mit. So haben wir z.B. ein bestimmtes Ziel, das wir unter keinen Umständen den anderen mitteilen wollen. Oder wir haben ein bestimmtes Motiv für eine Haltung, verbergen dies jedoch, weil wir Angst haben, dies könnte eine negative Auswirkung beim Partner zur Folge haben.

Quadrant IV: ist der *Bereich der unbekannten Aktivität*. Weder wir selbst, noch die anderen, bemerken bestimmte Verhaltensweisen oder Motive.

Wenn man nun den Verlauf eines Gruppenprozesses beobachtet, so wird man feststellen können, daß zunächst der Quadrant I sehr klein ist und es wenig freie und spontane Kommunikation gibt. Je mehr die Gruppe wächst und reift, desto mehr vergrößert sich Quadrant I. Das bedeutet gewöhnlich, daß die Menschen freier sind, sich so zu benehmen, wie sie sind, und andere so wahrzunehmen, wie sie wirklich sind. Je größer der erste Bereich wird, desto mehr schrumpft der Bereich des zweiten Quadranten zusammen. Man empfindet es als wenig notwendig, Dinge, die man weiß oder fühlt, zu verbergen oder zu leugnen. In einer Atmosphäre des wachsenden Vertrauens besteht ein geringeres Bedürfnis, Gedanken oder Gefühle, die zur Situation gehören, zu verbergen. Quadrant II nimmt langsamer an Umfang ab, denn gewöhnlich gibt es »gute« psychische Gründe dafür, daß man den Dingen gegenüber blind ist, die man fühlt oder tut.

An dem Modell »Johari-Fenster« dargestellt sieht eine neue und reife Gruppe in den vier erörterten Bereichen wie folgt aus:

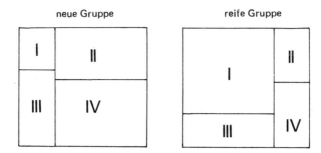

Auf den Personalrat des Bundeskanzleramtes zur damaligen Zeit bezogen, bedeutete dies, daß die Mitglieder einander sehr gut kannten und einander auch völlig vertrauten. Äußere Einflüsse durch parteipolitische Bindungen, wie ich sie im späteren Personalrat erlebt habe, fehlten völlig. Auf Grund dieses gegenseitigen Vertrauensverhältnisses hielt der Personalrat auch die Führung eines Sitzungsprotokolles für überflüssig.

In Personalratssitzungen – und schon gar nicht in reifen Gruppen – werden in der Regel keine Lobeshymnen auf die Amtsleitungen gesungen. Da im Personalrat vom höheren Dienst bis zum Lohnempfänger alle im Bundeskanzleramt vorhandenen Gruppen vertreten waren, mußte zum besseren Verständnis aller die Darlegung der Probleme in einem plastischen, anschaulichen und deutlichen Ton erfolgen.

Die Sitzungen des Personalrates liefen gewöhnlich so ab, daß ich den Gegenstand der Tagesordnung einführte, das Problem umriß und den Vorgang anschließend aus meiner Sicht interpretierte. Dann setzte die Diskussion der Personalratsmitglieder ein, die zum Beschluß führte.

Bei Beschlüssen des Personalrates, die rechtlich etwas komplizierter waren, so wie im Falle Günter Guillaume, entwarf ich die Texte, auf die sich der Personalrat dann mit dieser oder jener Änderung einigte.

In dem Zuleitungsschreiben der Amtsleitung vom 4. Februar 1969 sind dem Personalrat bei seiner Beratung und in seinem Entscheidungsprozeß besonders zwei Dinge aufgefallen:

a) Der Wirkungsbereich von Guillaume war entgegen sonstigen Gepflogenheiten nur ganz allgemein umschrieben.
b) Der Personalrat wurde aufgefordert, den Personalbogen nach Einsichtnahme der Amtsleitung zurückzusenden.

Nachdem der Personalrat ein solches Ansinnen bereits vorher in einem anderen Falle abgelehnt hatte, kam uns dies sehr seltsam vor, zumal der Personalrat sich bis zu diesem Fall niemals mit der Einstellung eines reinen berufsmäßigen Parteifunktionärs zu befassen hatte. Wir hatten die Meinung, und ich habe dies auch laut im Personalrat zum Ausdruck gebracht, daß hier die Absicht dahinter stand, dem Personalrat die Möglichkeit abzuschneiden, diesen ungewöhnlichen Fall noch einmal ganz zu rekonstruieren. Wir haben daher den Personalbogen auch behalten.

Der Personalbogen, der die »Legende« des Agenten Guillaume enthielt, wies etwa 10 Jahre als »freiberufliche Tätigkeit« aus, die weiter nicht belegt war. Hierunter konnte sich also jeder vorstellen, was er wollte. Weitere 5 Jahre liefen unter der Rubrik »Technischer Redakteur«. Meine Erkundigungen und Recherchen, was denn das eigentlich sei, liefen im Grunde darauf hinaus, daß etwas Ähnliches gemeint war, als wenn in einem Roman die Passage enthalten ist, »Müller betrat das Arbeitszimmer. Hinter dem Schreibtisch erhob sich eine 'elegante Erscheinung'«. Es bleibt der Phantasie jedes einzelnen überlassen, wie er sich die elegante Erscheinung vorstellt.

Im übrigen war lediglich eine Parteilaufbahn auf kommunaler Ebene vorhanden und sonst nichts. Ein solcher Lebenslauf war dem Personalrat des Bundeskanzleramtes für eine Einstellung im höheren Dienst noch nie vorgelegt worden.

Alle diese Gesichtspunkte sind in der Beratung des Personalrates erörtert worden, wobei sich sämtliche Personalratsmitglieder darüber im klaren waren, daß

1. die Einstellung Guillaumes als eines reinen Parteifunktionärs völlig aus dem Rahmen dessen fiel, was dem Personalrat bis dahin vorgelegen hatte und zugemutet worden war;
2. dann, wenn man derartige Voraussetzungen als ausreichend für den höheren Dienst im Bundeskanzleramt ansehen wollte, keine Grenze mehr gezogen werden könne und sämtliche laufbahn- und dienstrechtlichen Vorschriften mit Qualifikationsmerkmalen überflüssig wären;
3. kein Präzedenzfall geschaffen werden sollte, um der Umfunktionierung des Amtes in eine Parteizentrale oder in ein Wohltätigkeits- und Versorgungsinstitut für verdiente Parteigenossen Vorschub zu leisten.

Ich habe bei der Einführung des Falles im Personalrat noch ausdrücklich darauf hingewiesen, daß

a) es im Bundeskanzleramt keinen vergleichbaren Fall gegeben habe,
b) die Sache faul sei und drei Meilen gegen den Wind stinke,
c) so Herr Guillaume einmal im Amte sei, seiner Karriere nichts mehr im Wege stünde; denn der Genosse

Entzaubertes Bundeskanzleramt

Dr. Ehrenberg werde jederzeit gegenüber dem Genossen Ehmke bekunden, daß es einen so tüchtigen Mann wie den Genossen Guillaume noch nie gegeben habe.
Wenn der Personalrat also handeln wolle, so müsse er jetzt handeln.
Der Personalrat handelte und einigte sich auf den Text des Beschlusses vom 10. Dezember 1969, in dem sowohl die tarifrechtlichen Voraussetzungen nach § 71 Abs. 2 a PVG

»Der Personalrat kann die Zustimmung zu diesen Maßnahmen nur verweigern, wenn
a) die Maßnahme gegen ein Gesetz, eine Verordnung oder eine Bestimmung in einem Tarifvertrag oder gegen eine gerichtliche Entscheidung oder eine Verwaltungsanordnung verstößt, . . .«

verneint wurden und die Begründung auch auf § 71 Abs. 2 b PVG

»Der Personalrat kann die Zustimmung zu diesen Maßnahmen nur verweigern, wenn
a) . . .
b) der durch bestimmte Tatsachen begründete Verdacht besteht, daß durch die Maßnahme ein nicht geeigneter Bediensteter nur mit Rücksicht auf persönliche Beziehungen bevorzugt werden soll, . . .«

ausgedehnt wird. Das eine oder andere Personalratsmitglied hatte wahrscheinlich noch weitere Ablehnungsgründe. Es schien uns aber ratsam, unseren Beschluß auf die gesetzlich fixierten Tatbestände des § 71 PVG zu beschränken. Wegen seiner Bedeutung ist der Beschluß von den zwei anderen geschäftsführenden Vorstandsmitgliedern im Entwurf mitgezeichnet worden. Der Beschluß hatte folgenden Wortlaut:

»Der Vorsitzende
des Personalrates im
BUNDESKANZLERAMT　　　　　Bonn, den 10. Dezember 1969

An den
Herrn Chef des Bundeskanzleramtes

Betr.: Einstellung von Herrn Günter Guillaume

Der Personalrat hat in seiner Sitzung vom 10. Dezember 1969 folgenden Beschluß gefaßt:
Der Personalrat stimmt der beabsichtigten Einstellung von Herrn Günter Guillaume *nicht* zu.

Gründe:
I. Mit Schreiben vom 4. Dezember 1969 hat der Chef des Bundeskanzleramtes beim Personalrat beantragt, die Stellungnahme des Personalrates zu der beabsichtigten Einstellung von Herrn Günter Guillaume, geb. am 1. Februar 1927, herbeizuführen.
Herr Guillaume hat die Volks- und Berufsfachschule (Graphisches Gewerbe) besucht und war nach dem Militärdienst teilweise freiberuflich oder als technischer Redakteur tätig. Von 1968 war er Geschäftsführer des SPD-Unterbezirks Frankfurt/Main. Seit 1. Mai 1968 ist er Geschäftsführer der SPD-Stadtverordnetenfraktion Frankfurt/Main. Herr Guillaume soll als Angestellter nach der Vergütungsgruppe II a BAT eingestellt werden. Er ist für eine Verwendung in der Abteilung III (Wirtschaftspolitik) vorgesehen.
II. Nach § 70 Abs. 1 b Ziff. 1 PVG wirkt der Personalrat in den Personalangelegenheiten der Angestellten bei der Einstellung mit. Dabei ist er in seinen Einwendungen nicht an die einschränkenden Bestimmungen des § 71 Abs. 2 PVG gebunden. Herr Guillaume ist offenbar für eine Verwendung in der wirtschaftspolitischen Abteilung des Bundeskanzleramtes vorgesehen, die bisher eine wissenschaftliche Hochschulbildung vorausgesetzt hat (Hilfsreferent). Nach der Überzeugung des Personalrates fehlen hier die notwendigen fachlichen Voraussetzungen, zumal der Bewerber auch keine gleichartigen Fähigkeiten und Erfahrungen vorzuweisen hat, sondern lediglich eine Laufbahn als Funktionär und Mandatsträger einer politischen Partei auf kommunaler Ebene. Diese Partei stellt derzeit auch den Bundeskanzler und den Chef des Bundeskanzleramtes. Somit besteht der Verdacht, daß durch diese Maßnahme ein nicht geeigneter Bewerber nur mit Rücksicht auf seine politische Betätigung und Einstellung bevorzugt werden soll. Daher handelt es sich in vorliegendem Fall zumindest um einen der in § 71 Abs. 2 PVG aufgeführten Gründe, wenn nicht um einen identischen Grund.

gez. Dr. Seemann«

Wie sich nachträglich herausstellte, hat Guillaume in der wirtschaftspolitischen Abteilung des Kanzleramtes auch niemals eine echte Hilfsreferententätigkeit (Vermerke, Vorlagen, Sitzungsdienst etc.) ausgeübt, sondern im wesentlichen nur Gespräche geführt.

Nach Zuleitung des Beschlusses an den Amtschef trat zunächst eine längere Pause ein, so daß wir hoffen konnten, den Präzedenzfall des Parteifunktionäransturmes auf das Bundeskanzleramt abgewehrt zu haben. Leider erlagen wir einer Täuschung; denn der Antwortentwurf der Amtsleitung an den Personalrat wurde nur deswegen nicht abgeschickt, weil auch die Sicherheitsüberprüfung bedenkliche Resultate, von denen noch zu sprechen sein wird, zutage gefördert hatte, die erst zurechtgebogen werden mußten. Auf den Beschluß des Personalrates hat Ehmke erst am 28. Januar 1970 mit der bei ihm üblichen Großspurigkeit geantwortet:

> Die Bedenken, die der Personalrat gegen die Einstellung von Herrn Guillaume erhoben hat, teile ich nicht.
> In den Zuständigkeitsbereich der Abteilung III fallen – ohne Nennung einiger Nebenbereiche – neben der Wirtschaftspolitik auch die Finanz- und Sozialpolitik. Da der sozialpolitischen Arbeit in der Regierungserklärung vom 28. Oktober 1969 eine besonders große Bedeutung gegeben worden ist, muß ihr in der Abteilung III auch eine entsprechende Aufmerksamkeit gewidmet werden.
> Dies erfordert u.a. einen engen Kontakt zu den verschiedenen gesellschaftlichen Gruppen und eine laufende Beobachtung der Meinungsbildung bei Gewerkschaften und Arbeitgeberverbänden. Die angekündigten inneren Reformen bedürfen sorgfältiger Vorbereitung, die nicht allein in den Ressorts erfolgen kann. Herr Guillaume soll speziell für diese Aufgaben in der Abteilung III eingestellt werden. Er bringt hierfür aufgrund seiner bisherigen Tätigkeit und seines Lebensalters mehr und bessere Erfahrungen mit, als sie ein Hilfsreferent nach abgeschlossenem Studium und einigen Jahren Tätigkeit bei einer Bundesbehörde auch bei großer persönlicher Eignung haben kann.
> Die Einstellung von Herrn Guillaume steht deshalb auch mit den bereits in der V. Legislaturperiode des Deutschen Bundestages neu formulierten Grundsätzen über eine Öffnung des öffentlichen Dienstes und über eine Verbesserung der personellen Mobilität in Übereinklang.

Den vom Personalrat geäußerten Verdacht, daß ein nicht geeigneter Bewerber nur mit Rücksicht auf seine politische Betätigung und Einstellung bevorzugt werden soll, muß ich entschieden zurückweisen. Die vorgesehene Eingruppierung von Herrn Guillaume entspricht seinen Kenntnissen und seiner Aufgabe. Sein Gehalt im Bundeskanzleramt wird in etwa seinen Einkommensverhältnissen als Geschäftsführer der Frankfurter Rathausfraktion entsprechen.
Ich beabsichtige deshalb trotz der ablehnenden Stellungnahme des Personalrates, Herrn Guillaume als Angestellten nach Vergütungsgruppe II a BAT einzustellen.
Falls es vom Personalrat gewünscht wird, bin ich gerne bereit, meine Stellungnahme mündlich zu ergänzen.

gez. Prof. Dr. Ehmke«

Der Personalrat des Bundeskanzleramtes hat eine weitere Erörterung dieses Schreibens mit dem damaligen Chef des Bundeskanzleramtes für nicht erforderlich gehalten, da sie zu keiner Änderung des Standpunktes führen konnte; denn dem Schreiben vom 28. Januar 1970 stand für jeden, welcher die Praxis von Behörden kennt, sozusagen der Stempel der Unwahrheit im Gesicht geschrieben. Im übrigen war nach dem damaligen Recht auch das Mitwirkungsverfahren mit dem Beschluß des Personalrates erschöpft und zu Ende.

Nach dem Schreiben vom 28. Januar 1970 sollte Guillaume speziell für die laufende Beobachtung der Meinungsbildung bei Gewerkschaften und Arbeitgeberverbänden eingesetzt werden und zwar nicht in dem für Verbände zuständigen Verbindungsbüro zu den Verbänden, in das Guillaume später kam, sondern in der wirtschaftspolitischen Abteilung. Dies war der erste Punkt, der schon einmal in die organisatorische Logik nicht paßte. Sodann hätte eine normale Kompetenz in der operativen Abteilung des Bundeskanzleramtes lauten müssen: »Zuständig für Gewerkschaften und Arbeitgeberverbände.« Eine bloße »Beobachtungskompetenz«, wie sie vielleicht in Nachrichtendiensten oder Informationsdiensten möglich ist, hat es im Bundeskanzleramt in den operativen Abteilungen nicht gegeben. Es läßt sich, was für den Wahrheitsgehalt der Behauptungen Professor Ehmkes wesentlich ist, auch keine »Beobachtungskompetenz« aus dem Konzept des Bundeskanzleramtes von Professor Dr. Ehmke vom 8.3.1970 ableiten. Nimmt man dazu noch das Zuleitungsschreiben an den Personalrat mit der vagen Zuordnung seiner Tätigkeit, so konnte nur der Schluß gezogen werden, den der Personalrat gezogen hat:

a) Es stand seitens der Leitung des Amtes von vornherein fest, daß Günter Guillaume egal wie in das Bundeskanzleramt eingestellt werden sollte und mußte.

b) Da Günter Guillaume nach der traditionellen Behördenpraxis über keinerlei Voraussetzungen verfügte, die ihn für eine der üblichen Behördentätigkeiten qualifizierten, mußte eine Tätigkeit erfunden werden, die so auf ihn zugeschnitten wurde, daß man halbwegs sagen konnte »paßt«. Es wurde daher nicht ein Mann für einen Posten gesucht, sondern ein Posten für einen Mann.

Hinzu kam ein weiteres Ereignis. Ende Januar/Anfang Februar 1970 gaben der damalige Chef des Bundeskanzleramtes und die neuen Abteilungsleiter ihren Einstand in den Räumen des Palais Schaumburg. Als mich Herr Professor Ehmke wohl in Begleitung mehrerer Personalratsmitglieder sah, kam er emotionsgeladen auf mich zu, sprach mich auf die Sache »Guillaume« an und erklärte: »Der Personalrat des Bundeskanzleramtes ist in seinen Ansichten noch rückständiger als das Bundesinnenministerium.« Der Personalrat des Bundeskanzleramtes war der Auffassung, daß sich so emotional keine Sachdiskussion führen lasse und schon aus diesem Grunde eine mündliche Erörterung des Falles keinen Sinn habe.

4. Die Sicherheitsüberprüfung

Während der Personalrat des Bundeskanzleramtes zunächst glaubte, mit seinem einhelligen Votum gegen die Einstellung Günter Guillaumes einen Abwehrerfolg errungen zu haben, ging im Bundeskanzleramt der Vorhang zum 2. Akt der Tragödie 'Günter Guillaume' hoch, nämlich zum Verfahren der Sicherheitsüberprüfung. Der von dem Protektor Guillaumes Dr. Ehrenberg gefertigte Entwurf eines Schreibens an den Personalrat wurde von Ehmke nicht unterzeichnet, weil die ebenfalls am 4. Dezember 1969 eingeleitete Sicherheitsüberprüfung zwischenzeitlich Bedenken gegen eine Einstellung Guillaumes ergeben hatte, deren Klärung abgewartet werden sollte.

Zum Zeitpunkt der Einstellung Guillaumes bestand die Sicherheitsüberprüfung, bei der das Bundeskanzleramt als Einstellungsbehörde Herr des Verfahrens und damit verantwortlich war, aus zwei Teilen, deren Prozesse vom Sicherheitsbeauftragten des Bundeskanzleramtes gesteuert wurden:

1. Dem Verfahren, bei dem das Bundeskanzleramt Auskünfte von den Sicherheitsbehörden einholte, und
2. dem Sicherheitsüberprüfungsverfahren, das im wesentlichen vom Bundesamt für Verfassungsschutz durchgeführt wurde.
  Das Votum des Bundesamtes für Verfassungsschutz war aber ein fachliches Votum und keine Entscheidung.

Obwohl dem Bundeskanzleramt die Entscheidung als Einstellungsbehörde oblag, sind nach den Bekundungen des Sachverständigen Ministerialrat Grünewald vom Bundeskanzleramt vor Guillaume keine Personen eingestellt worden, gegen die von den zuständigen Sicherheitsbehörden Bedenken geltend gemacht worden sind.

Anders bei Günter Guillaume. Bereits die Notaufnahmeakten über das Notaufnahmeverfahren Guillaumes in Gießen zeigten zu den Erklärungen Guillaumes im Sicherheitsüberprüfungsverfahren Widersprüche. Diese hielt man seitens des Sicherheitsbeauftragten im Bundeskanzleramt für bedeutungslos.

Die Sicherungsgruppe Bonn übersandte dem Bundeskanzler auf seine Anfrage hin ein Fernschreiben des Polizeipräsidenten in Berlin vom 10. Dezember 1969, in dem auf eine Mitteilung des Untersuchungsausschusses freiheitlicher Juristen (UfJ) hingewiesen wurde. Darin sei mitgeteilt worden, daß ein

> – »Günter Guillaume, ca. 1925 geboren, wohnhaft: Birkenwerder (SBZ), beschäftigt als Fotograf beim Ostberliner Verlag 'Volk und Wissen', der Agententätigkeit in Berlin (West) und der BRD verdächtigt wird. Im Juli 1956 soll Günter Guillaume in die BRD geflüchtet sein. Personengleichheit kann vermutet werden.
> Beim LfV Berlin (Landesamt für Verfassungsschutz) sind keine Unterlagen vorhanden. Christel Guillaume, geb. Boom, hier nicht in Erscheinung getreten.« –

Die Mitteilung des Untersuchungsausschusses freiheitlicher Juristen (UfJ) war wohl abgekürzt, aber im Kerngehalt zutreffend wiedergegeben. Wenn an dieser Meldung und dem »Verdacht der Agententätigkeit« Guillaumes auch nur ein geringfügiges Interesse seitens des Bundeskanzleramtes vorhanden gewesen wäre, hätte sie zu weiteren Rückfragen führen müssen.

Der BND beantwortete die Anfrage vom 8. Dezember 1969 folgendermaßen am 17. Dezember 1969:

> – »Nach einer auf ihren Wahrheitsgehalt hin nicht mehr überprüfbaren Karteinotierung vom April 1954 soll Günter Guillaume, geb. am 1. Februar 1927 in Berlin, damals wohnhaft Lehnitz, Florastraße 6, im Auftrag des Verlages »Volk und Wissen« die BRD mit dem Zweck bereist haben, um Verbindungen zu Verlagen, Druckereien und Personen herzustellen und diese dann östlich zu infiltrieren. Keine weiteren Erkenntnisse.
> Die Ehefrau Christel G., geb. 6. Oktober 1927, hat hier Vormerkungen.« –

Auch beim BND gab es zu diesem Zeitpunkt noch weitere Erkenntnisse über Günter Guillaume, die nicht aktualisiert wurden, nämlich

GERHARD WESSEL – PRÄSIDENT DES BND
Er warnte vor Günter Guillaume.

1. eine Karteinotierung über die Mitgliedschaft Guillaumes in der Gesellschaft für deutsch-sowjetische Freundschaft und
2. die Charakterisierung des Verlages »Volk und Wissen«, in dem Guillaume tätig gewesen war, als Residentur für Mitglieder des Ministeriums für Staatssicherheit.

Der Sicherheitsbeauftragte des Bundeskanzleramtes Schlichter erklärte daraufhin, daß er mit einer Einstellung Günter Guillaumes nicht einverstanden sei. Doch jetzt geschieht etwas Seltsames. Obwohl in allen Fällen, wo auch nur ein Teil derartiger Sicherheitsbedenken aufgetaucht wäre, ohne viel Federlesen das Einstellungsverfahren abgebrochen und der Bewerber abgelehnt worden wäre, nimmt Ehmke die Sache selbst in die Hand. Er möchte den Hintergrund und die Quelleneigenschaften der BND-Meldung kennenlernen und setzt sich mit dem Präsidenten des BND gleich mehrfach unmittelbar in Verbindung. Dabei vergißt er anläßlich eines Telefonates mit dem Präsidenten des BND auch nicht zu erwähnen, daß Bundesminister Leber sich für Günter Guillaume verbürge und ihn für geeignet halte, ein Hinweis, der als Beeinflussungsversuch gewertet werden kann, zumal Leber ja später das für Wessel so wichtige Verteidigungsressort übernimmt.

Die endgültige Antwort kam per Fernschreiben am 23. Dezember 1969:

»Betr.: G.
1. Quelle ist zuverlässig, war zu der Zeit im gleichen Verlag und hatte entsprechende Einblicksmöglichkeiten.
2. Mein Votum:
a) G. gezielt fragen, ob die Behauptung stimme. Seine Reaktion wird vielleicht entsprechende Rückschlüsse zulassen. Er kann z.B. den Auftrag nur zum Schein angenommen haben, oder er kann alles zugeben und das Recht auf Irrtum in Anspruch nehmen.
b) Wichtig wird Prüfung des Lebenslaufes von G. nach 1954 sein – hier nicht bekannt.
c) Verwendung im BK ist auf jeden Fall herausgehoben. Ich schlage Prüfung der Verwendung in einer anderen Behörde vor.

d) Die BND-Meldung von 1954 gibt *allein* keinen ausreichenden Grund für etwaige Benachteiligung, zwingt aber zur eingehenden Hintergrundüberprüfung durch den Verfassungsschutz.

gez.: Wessel«

Vergegenwärtigt man sich die personalpolitischen Turbulenzen zur Zeit der Machtergreifung der sozial-liberalen Koalition, so kann ein verständiger und unbefangener Betrachter dieses Telegramms den Inhalt nur dahin auslegen, daß Wessel zwar nichts dagegen hätte, wenn Guillaume als ein verdienter SPD-Parteifunktionär aus der durch den Regierungswechsel anfallenden Ämterbeute auch ein lukratives und seinen Parteiverdiensten angemessenes Pöstchen erhielt, jedoch nicht in einer so sicherheitsempfindlichen Behörde wie im Bundeskanzleramt. Doch genau diese, die entscheidende Empfehlung, nämlich für Guillaume die Verwendung in einer anderen Behörde zu prüfen, befolgt Ehmke nicht. Er kann und will offenbar den Wink mit dem Zaunpfahl nicht verstehen; denn seine Rechtfertigungsversuche im 2. Untersuchungsausschuß sind für jeden mit den Gepflogenheiten der Administration Vertrauten kindisch und naiv. Er, Ehmke, sei der Auffassung gewesen, daß eventuelle Sicherheitsrisiken zu Ende geprüft werden müßten und der Fall nicht ungeprüft an eine andere Dienststelle weitergereicht werden dürfe. Eine sicherheitsmäßig gefährdete Dienststelle hätte ohnehin sofort abgewinkt, für eine sicherheitsmäßig unempfindliche Behörde wäre die Prüfung als belanglos im Behördengeschäftsgang untergegangen. Ehmke hatte sich ja auch nicht gescheut, Beamten des Bundeskanzleramtes, die nicht sofort vor ihm kuschten, im gleichen Atemzuge ein Disziplinarverfahren anzuhängen und noch vor Beendigung des Disziplinarverfahrens ihre Versetzung in ein anderes Ressort zu betreiben. Nur, hier wurde mit zweierlei Maß gemessen. Das Maß für Genossen war

eben nicht das gleiche wie für sonstige Bewerber und Bedienstete.
Die Anhörung Guillaumes im Bundeskanzleramt am 7. Januar 1970 führte Ehmke im Beisein von Protektor Ehrenberg und dem Sicherheitbeauftragten Schlichter höchst persönlich und sozusagen eigenhändig durch.
Die Anhörung nahm gleich zu Beginn einen sehr sonderbaren Verlauf; denn Ehmke wies von vornherein auf die Vertraulichkeit des Gespräches hin und auf den Umstand, daß normalerweise Sicherheitsbedenken mit dem Betroffenen nicht erörtert würden. In der Tat ist es höchst ungewöhnlich, mit einem im Spionageverdacht stehenden Bewerber die gegen ihn bestehenden Verdachtsgründe zu erörtern und ihm Gelegenheit zu geben, seine Verteidigung hiergegen sorgfältig aufzubauen. Ehmke teilte Guillaume sodann mit, daß auf Grund von zwei Quellen der Verdacht bestehe, daß er, Guillaume, nachrichtendienstlich gegen die Bundesrepublik Deutschland tätig geworden sei. Da es nicht zu den Gepflogenheiten von Spionen gehört, auf die Frage, ob sie Spione seien, wahrheitsgemäß zu erklären, daß sie dieser Profession nachgehen, tat dies auch Guillaume nicht, sondern versuchte, die Bedenken mittels der zum elementaren Rüstzeug eines Agenten gehörenden »Legende« über seinen Lebenslauf zu zerstreuen. Infolgedessen kam, wie man auch ohne große Prophetengabe schon vorher hätte prophezeien können, bei dem Gespräch nichts heraus. Die Vertreter der Koalitionsparteien im Untersuchungsausschuß sehen dies durch ihre Parteibrille anders: »Der Chef des Bundeskanzleramtes hat nach gründlicher Vorbereitung durch seinen Sicherheitsbeauftragten, Ministerialdirigent Schlichter, einem erfahrenen Strafrichter und langjährigen Staatsschutzreferenten, diese Befragung gemeinsam mit ihm sachgemäß und mit aller Energie durchgeführt.« Diese Art und Weise der Befragung wich so von der Norm ab, daß man hier nur zu einer Interpretation greifen kann. Die un-

vermeidliche Befragung wurde als Pflichtübung in einem vertrauten Genossengespräch absolviert.

Dafür spricht auch der anschließend von Ehmke eingeleitete Briefwechsel mit Bundesminister Leber, in dem Ehmke zumindest die parteipolitische Verantwortung für die Einstellung Guillaumes auf die Schultern Lebers verlagern möchte, da er nun einmal fest entschlossen war, Günter Guillaume einzustellen. Am 17. Januar 1970 schreibt Ehmke an Bundesminister Leber:

»Lieber Georg, ich habe Herrn Guillaume in einem Gespräch am 7. Januar 1970 über die aufgetauchten Sicherheitsbedenken und die dadurch notwendig gewordene eingehende Überprüfung unterrichtet. Seine Angaben über seinen beruflichen Werdegang in der DDR, zu seiner dortigen politischen Tätigkeit und zu den Verdachtsmomenten selbst waren wenig ergiebig.«

Das Schreiben enthält die Frage, ob Bundesminister Leber für die Vertrauenswürdigkeit Guillaumes gutstehen könnte.

Das Antwortschreiben vom 22. Januar 1970 enthält eine positive Beurteilung Guillaumes auch hinsichtlich seiner Vertrauenswürdigkeit. Von Gutstehen ist allerdings nicht die Rede. Im einzelnen lautete das Schreiben wie folgt:

»Sehr geehrter Herr Ehmke!
Wie ich weiß, bewirbt sich Herr Günter Guillaume um die Übernahme einer Aufgabe im Bundeskanzleramt. Ich kenne Herrn Guillaume seit längerer Zeit aus der politischen Zusammenarbeit in Frankfurt/Main. Er hat sich dabei stets durch Fleiß und Hingabe in der Erfüllung seiner Aufgabe bewährt und sie mit Geschick, Erfahrung und Intelligenz bewältigt. Das, was ich an ihm immer besonders geschätzt habe, sind seine Zuverlässigkeit und sein verantwortungsbewußtes Geradestehen für die freiheitliche Lebensart und die Demokratie. Er hat mir in vielen schwierigen Situationen seine uneingeschränkte Vertrauenswürdigkeit bewiesen. Dieses gilt auch für seine Ehefrau Christel, die seit langen Jahren Mitarbeiterin von Herrn Staatssekretär Birkelbach und gegenwärtig in der Staatskanzlei der Landesregierung Hessen in Wiesbaden tätig ist.«

Auch dem Bundesamt für Verfassungsschutz waren für die Sicherheitsüberprüfung die im Bundeskanzleramt vorhandenen Unterlagen mit Ausnahme des Briefwechsels Ehmke/Leber zugeleitet worden. Die zuständigen Beamten dieses Amtes konnten daraus ersehen, daß das Bundeskanzleramt im Falle Guillaume außergewöhnliche Vorwegmaßnahmen getroffen hatte und sich in der Frage der erhobenen Sicherheitsbedenken anders als üblich verhielt; denn Aufgabe einer Sicherheitsüberprüfung ist es nicht, Beweise zu liefern, sondern über Verdachtsmomente zu unterrichten. Eine Sicherheitsüberprüfung ist daher auch nicht in der Lage, einen einmal aufgetretenen Verdacht zu beseitigen. Da Ehmke das Einstellungsverfahren trotz aufgetretener Sicherheitsbedenken nicht abgebrochen und sich auch persönlich in den Überprüfungsvorgang eingeschaltet hatte, mußte auch der dümmste Beamte im Bundesamt für Verfassungsschutz wissen, was die Stunde geschlagen hatte, d.h. welche Antwort das Bundeskanzleramt zu hören wünschte, sofern keine eindeutigen Beweise, die zu einer Überführung Guillaumes ausgereicht hätten, vorlagen.

Die für die Sicherheitsüberprüfung zuständige Abteilung erstellte daher ihren Abschlußbericht an das Bundeskanzleramt nicht nur, bevor die von der Abteilung selbst eingeleiteten Maßnahmen abgeschlossen waren, sondern unterließ es auch, die für Spionageabwehr im Bundesamt für Verfassungsschutz zuständige Abteilung IV einzuschalten, wo man wahrscheinlich »fündig« geworden wäre; denn auch hier lagen zusätzliche Erkenntnisse über Guillaume vor, die später im Februar 1973 die ersten Verdachtsmomente zur Enttarnung Guillaumes auslösten. Dieser Koordinationsmangel geht eindeutig zu Lasten des Präsidenten dieses Amtes, da die Herstellung des Gesamtzusammenhanges in den Tätigkeiten ein und derselben Behörde eine Aufgabe der Leitung dieser Behörde ist. Das Schreiben des Bundesamtes für Verfassungsschutz vom 27. Januar 1970, welches das abschließende Votum des Bundesamtes für Verfassungsschutz einschloß, enthält genau das, was das Bundeskanzleramt hören wollte:

»Die umfassende Karteiüberprüfung und die Sicherheitsermittlungen sind abgeschlossen. Sie haben keine Erkenntnisse erbracht, die einer Ermächtigung zum Umgang mit Verschlußsachen bis »Geheim« entgegenstehen.«

Doch die Herren des Bundesamtes für Verfassungsschutz waren offenbar von dem Votum selbst nicht überzeugt gewesen. Der Ltd. Regierungsdirektor Dr. Otto hatte »ungute Gefühle«. Weil die »unguten Gefühle« offenbar sehr stark und intensiv waren, hielt er es für ratsam und notwendig, den Abschlußbericht höchst persönlich mit einem entsprechenden Kommentar bei dem Sicherheitsbeauftragten des Bundeskanzleramtes MDgt Schlichter abzugeben. Über dieses Gespräch gibt es keine authentische Aufzeichnung. Es bedarf jedoch für den Kenner von Behörden keiner großen Phantasie, um zu erraten, was der Inhalt des mündlichen Kommentars nur gewesen sein kann. Im mündlichen Bericht wurde sicherlich alles das relativiert, was im schriftlichen Bericht stand, um bei einer eventuellen Panne eine Rückversicherung zu haben. So war allen gedient. Ehmke hatte in den Akten ein Papier, in dem genau das stand, was er hören wollte, das Bundesamt für Verfassungsschutz hatte sich mündlich freigezeichnet.

Ehmke, das Papier des Bundesamtes für Verfassungsschutz in den Händen, erklärte später wörtlich vor dem 2. Untersuchungsausschuß:

»Ein so klares Urteil des Verfassungsschutzamtes hätte mich sicher dem Vorwurf der Willkür ausgesetzt, wenn ich nach einem solchen Urteil der zuständigen Behörde trotzdem den Mann aus Sicherheitsgründen nicht eingestellt hätte.«

Ihm pflichtete der Sicherheitsbeauftragte des Bundeskanzleramtes Schlichter bei, obwohl folgende Sicherheitsrisiken im Bundeskanzleramt bekannt waren:

»Erstens eine Meldung des Bundesnachrichtendienstes, wonach Guillaume 1954 im Auftrage des Verlages »Volk und Wissen« die Bundesrepublik Deutschland mit dem Ziel bereist haben soll, Verbindungen zu Verlagen, Druckereien und Personen herzustellen und diese dann östlich zu infiltrieren.

Entzaubertes Bundeskanzleramt

Zweitens eine Meldung des »Untersuchungsausschusses freiheitlicher Juristen«, wonach Guillaume, beschäftigt beim Ostberliner Verlag »Volk und Wissen«, 1955 der Agententätigkeit in Berlin (West) und der Bundesrepublik Deutschland verdächtigt wurde. In dieser Mel-

Der Präsident des Bundesamtes für Verfassungsschutz Günther Nollau vor dem Parlamentarischen Untersuchungsausschuß.

dung war zusätzlich und zutreffend vermerkt, daß Guillaume im Juli 1956 in die Bundesrepublik Deutschland geflüchtet war.
Drittens die Angaben von Guillaume selbst, die er auf Vorhalt von Minister Ehmke, er sei angeblich nachrichtendienstlich gegen die Bundesrepublik Deutschland tätig gewesen, erstmals am 12. Januar 1970 gemacht hat. Danach hat Guillaume als Vorsitzender der Abteilungsgewerkschaft der Hauptabteilung Berufsausbildung des Verlages »Volk und Wissen« an sogenannten Solidareinsätzen in West-Berlin teilgenommen.
Viertens: Der Wohnsitz der Mutter Guillaumes befand sich in Ost-Berlin.
Fünftens: Trotz seiner angeblichen Republikflucht gab Guillaume an, seine Mutter regelmäßig in Ost-Berlin besucht zu haben.
Sechstens: Im Notaufnahmeverfahren war keine besondere Zwangslage zur Flucht festgestellt worden.
Siebtens: Die Zeitspanne zwischen dem Ausscheiden Guillaumes aus dem Verlag »Volk und Wissen« und seinem Übertritt in die Bundesrepublik Deutschland war nicht belegt.
Achtens: Die Notaufnahme erfolgte nicht in unmittelbarem Anschluß an die Flucht, sondern erst Monate nachher.«

Die Vertreter der Koalitionsfraktionen haben später der Tatsache entscheidendes Gewicht beigemessen, daß dem Bundeskanzleramt der Hinweis auf die Funktion des Verlages »Volk und Wissen« und die Originalinformation des Untersuchungsausschusses freiheitlicher Juristen nicht bekannt waren. Doch so wie Ehmke die Dinge handhabte, hätte die volle Information nur zu marginalen Änderungen in der Beurteilung führen können und keineswegs zur Ablehnung Guillaumes; denn Ehmke, dessen Amtsführung im Bundeskanzleramt mit einer Kette von Rechtsbrüchen begann, zeigte im Falle Guillaume ein so zartbeseitetes Gemüt, daß er nachträglich zur Rechtfertigung seines Verhaltens die Maßstäbe des Kriminalstrafprozesses an Sicherheitsüberprüfung und Einstellungsverfahren anlegte, ein Maßstab, der jeder Agententätigkeit Tür und Tor öffnen mußte.

5. Günter Guillaumes Karriere im Bundeskanzleramt

In ähnlicher Weise wie die Sicherheitsüberprüfung verlief die Karriere Günter Guillaumes im Bundeskanzleramt, bei der die Sonne der Genossen Ehrenberg, Ehmke und schließlich Brandt über ihm schien. Inzwischen war Guillaume tatsächlich am 8. Juli 1970 in der Verbindungsstelle des Bundeskanzleramtes zu Parlament, Parteien, Kirchen und Verbänden eingeordnet worden. Kurze Zeit später erfolgte dann der Antrag des Chefs des Bundeskanzleramtes auf Höhergruppierung am 14. Dezember 1970 an den Personalrat:

> »Ich beabsichtige, den Verw.Angestellten Günter Guillaume ab 1. Januar 1971 in die Vergütungsgruppe Ib BAT höherzugruppieren. Herr Guillaume ist in der Verbindungsstelle für die Verbindung zu Parlament, Parteien, Kirchen und Verbänden verantwortlich. Er hat diesen Aufgabenbereich selbständig wahrzunehmen. Die tariflichen Voraussetzungen für die vorgesehene Höhergruppierung sind erfüllt. Ich bitte, hierzu die Stellungnahme des Personalrates herbeizuführen.
> Im Auftrag
> gez. Ohlsson«

Der Personalrat ging bei der Interpretation dieses Schreibens wohl nicht fehl in der Annahme, daß mit Rücksicht auf seinen Einstellungsbeschluß seitens der Amtsleitung Vorsorge getroffen worden war, um eine ähnliche Panne wie bei der Einstellung zu vermeiden. Denn dieses neue Zuleitungsschreiben enthielt bereits die Feststellung, daß die »tarifrechtlichen Voraussetzungen für die vorgesehene Höhergruppierung erfüllt sind«. Wer die Behördenpraxis und insbesondere die Praxis der Personalpolitik im Bundeskanzleramt kennt, konnte keinen Moment darüber im Zweifel sein, daß Guillaume hervorragend beurteilt worden war oder werden würde und Einwendungen des Personalrates nach § 71 Abs.2 a PVG wie im Einstellungsverfahren mit dieser Passage von vornherein abgeschnitten werden sollten. Unsere

Prognose von Guillaumes Karriere im Amte, die der Personalrat im Einstellungsverfahren angestellt hatte, war also richtig gewesen.

Im übrigen konnte das frühere Argument »bloßer Parteifunktionär« bei einer »Verbindungsstelle zu Parlament, Parteien, Kirchen und Verbänden«, wo es wesentlich auf Kontakte zu den betreffenden Verbänden ankommen mußte, nicht mehr mit dem vollen Gewicht geltend gemacht werden. Wir haben daher von der »Kann-Bestimmung« in § 71 Abs. 2 PVG keinen Gebrauch gemacht, da sie keinen Erfolg mehr versprach.

Noch weniger war zu dem Höhergruppierungsvorschlag vom 9. Januar 1973 zu sagen, nachdem Guillaume am 30. November 1972 dem Büro des Bundeskanzlers zugeteilt worden war:

> »Ich beabsichtige, den Verw.Angestellten Günter Guillaume in die Vergütungsgruppe I a BAT höherzugruppieren. Herrn Guillaume wurden mit Wirkung vom 30.11.1972 neben seinen bisherigen Aufgaben die bis dahin von Herrn Reuschenbach wahrgenommenen Aufgaben »Verbindung zu Partei und Fraktion, soweit der Herr Bundeskanzler als Parteichef und Abgeordneter des Deutschen Bundestages betroffen ist« übertragen. In seiner jetzigen Tätigkeit hebt er sich durch das Maß seiner Verantwortung erheblich aus den Merkmalen der Vergütungsgruppe I b BAT heraus und erfüllt damit die Tätigkeitsmerkmale der Vergütungsgruppe I a BAT.«

Inzidenter liegt dem Vorschlag natürlich die Erklärung zu Grunde, daß sich Günter Guillaume 3 Jahre lang auf seinen bisherigen Verwendungsposten bewährt habe, weil ja sonst eine Höhergruppierung nicht in Betracht gekommen wäre. An Aufgaben kam hinzu, »Verbindung zu Partei und Fraktion, soweit der Herr Bundeskanzler als Parteichef und Abgeordneter des Deutschen Bundestages betroffen ist.«

Auch hier wiederum der deutliche Hinweis, daß die Tätigkeitsmerkmale der Vergütungsgruppe I a BAT erfüllt sind und daher Einwendungen aus dem Tarifrecht nicht mehr erhoben werden können.

Allerdings wird man sich unter der Tätigkeit Guillaumes schwer etwas vorstellen können und sie als Behördentätigkeit kaum beschreiben können. Der damalige Bundeskanzler Willy Brandt will beim Aufkommen des Verdachts gegen Guillaume diese Funktion Guillaumes dem damaligen Innenminister Hans-Dietrich Genscher wie folgt umrissen haben:
Günter Guillaume sei innerhalb des Kanzlerbüros für seine, des Kanzlers, Kontakte zu seiner Partei zuständig gewesen. Er habe sich vornehmlich um die auswärtigen Termine des Kanzlers zu kümmern gehabt und zwar dort, wo die Grenzlinie zwischen Regierungstätigkeit und Parteitätigkeit gelegen habe. Dies sei für den Bundestagswahlkampf 1972 besonders wichtig gewesen. Dies habe auch für Informationsreisen, für Einzelveranstaltungen im Lande und deren Vorbereitung, für Besuchergruppen und für Korrespondenz gegolten, die mit diesen Vorgängen zusammenhängen. Bei Guillaume habe es sich um jemanden gehandelt, der sich

Bundesaußenminister Hans-Dietrich Genscher vor dem Parlamentarischen Untersuchungsausschuß.

Der Kanzler und sein »Adjutant«.

neben den Persönlichen Referenten vor allem um seine Parteikontakte zu kümmern gehabt habe, daß er, der Bundeskanzler, überhaupt dorthin gekommen sei, um technisch im Wahlkampf zur Verfügung zu stehen und spätere entsprechende Veranstaltungen vorzubereiten.

Der Personalrat des Bundeskanzleramtes stellte zu diesem Vorschlag folgende Erwägungen an:

Wenn man haushaltsmäßig eine derartige Vermischung von Partei- und Staatsaufgaben duldet und praktisch ein Parteiamt auf Kosten des Steuerzahlers im Bundeskanzleramt installiert, so muß man aus der Natur der Sache heraus auch einen bloßen Parteifunktionär in der Adjutantenrolle des Parteivorsitzenden in Kauf nehmen. Da der damalige Bundeskanzler der SPD angehörte, kam naturgemäß nur ein SPD-Mitglied für diesen Posten in Betracht. Das Parteiargument entfiel daher in diesem Falle auch. Hinzu kam, daß eine derartige Funktion eine so persönliche Beziehung zwischen Bundeskanzler und Verbindungsmann voraussetzt, daß nur der Bundeskanzler in seiner Eigenschaft als Parteichef über die Qualifikation entscheiden kann. Mit dem Vorschlag der Amtsleitung war seine Entscheidung bereits gefallen.

Da bei dieser Funktion Einwendungen nach § 71 Abs. 2 PVG keinerlei Aussicht auf Erfolg hatten, hat der Personalrat des Bundeskanzleramtes keine Bedenken erhoben, da diese aussichtslos gewesen und von dem Gesetzestext wohl auch kaum getragen worden wären. Willy Brandt ist mit dieser Personalentscheidung nicht glücklich geworden.

Guillaumes tatsächliche Tätigkeit im Bundeskanzleramt fiel bis zu seinem Einzug in die Kanzleretage des Palais Schaumburg völlig aus dem Rahmen. Er ging nach unserer Auffassung eigentlich überhaupt keiner echten Beschäftigung nach. Da er keine Tätigkeit eines Behördenbediensteten im traditionellen Sinne ausübte, sondern nur telefonierte, Gespräche führte und überall herumsaß und Reden hielt,

Der ehemalige Bundeskanzler Willy Brandt vor dem Parlamentarischen Untersuchungsausschuß.

Entzaubertes Bundeskanzleramt 153

waren die Mitglieder des damals amtierenden Personalrats der Überzeugung, daß Ehmke Guillaume in das Bundeskanzleramt nur deswegen eingestellt habe, um die sozialdemokratischen Parteikader im Bundeskanzleramt einschließlich der Sympathisanten zu organisieren und für eine neue Personalratswahl »fit« zu machen, um dann den Ehmke nicht genehmen Personalrat zu stürzen oder abzuwählen. Für diese unsere Ansicht sprach einmal, daß für einen Mann wie Guillaume im Bundeskanzleramt ohnehin keine sinnvolle Beschäftigung zu finden war, da es Günter Guillaume an allen Voraussetzungen hierfür fehlte, sowie sein lebhaftes Interesse am Personalrat und einer Kandidatur für den Personalrat, das sich erst dann veränderte, als er im Vorzimmer des Bundeskanzlers saß. Seine Fragen zum Personalrat und sein Interesse am Personalrat begleitete er mir gegenüber mit Hinweisen auf die Personalratstätigkeit seiner Frau in Hessen. Aus heutiger Sicht wird man annehmen können, daß Guillaume sich von einer Mitgliedschaft und einem eventuellen Vorsitz im Personalrat folgende Vorteile versprach:
1. Einen wesentlich besseren und tieferen Einblick in die Funktionsweisen, Entscheidungsprozesse und damit auch die »Schwachstellen« des Bundeskanzleramtes.
2. Einen umfassenden Einblick in die Personalien der Amtsangehörigen des Bundeskanzleramtes mit allen denkbaren Möglichkeiten für die Anwerbung neuer Agenten im Amt.
3. Erweiterte und unauffällige Kontaktmöglichkeiten zu allen Amtsangehörigen unter dem Deckmantel seiner Personalratstätigkeit.

Waren Kontakte erst einmal hergestellt, so legte Guillaume großen Wert auf private Einladungen. Bei solchen Gesprächen pflegte er sein Gegenüber gewöhnlich nach Informationen so »abzuklopfen«, wie Journalisten es üblicherweise zu tun pflegen. Doch fiel dies weiter nicht auf,

Der NVA-Offizier mit seinem »Opfer«.

da ja keiner im Amt von Guillaume als einem Außenseiter ein Verhalten und Benehmen erwartete, wie es nun einmal im öffentlichen Dienst üblich ist. Das Außergewöhnliche seiner Laufbahn und sein Außenseitertum bildeten hier eine gute Tarnkappe für das Sammeln von Informationen, wobei natürlich auch Bettgeschichten nicht zu kurz kamen.
4. Ein Vertrauenskapital, das sich nachrichtendienstlich verwerten ließ.
5. Einen erhöhten Schutz gegenüber Kündigungen im Falle eines Regierungswechsels.

Entzaubertes Bundeskanzleramt

Als Basis für eine Kandidatur für den Personalrat und zum Aufbau zusätzlicher Kontakte hatte Guillaume offenbar zwei Betriebsgruppen im Bundeskanzleramt ausersehen:
1. Die SPD-Betriebsgruppe, in die ich unmittelbar keinen Einblick hatte, und
2. die ÖTV-Betriebsgruppe, die während der Tätigkeit Guillaumes im Bundeskanzleramt ins Leben gerufen wurde.

Wie ich von Mitgliedern der SPD-Betriebsgruppe, die mir ihr Leid klagten, erfuhr, führte Guillaume innerhalb der SPD-Betriebsgruppe das große Wort in Form eines für die Angehörigen unseres Hauses kleinkarierten, hinterwäldlerischen und mit Scheuklappen versehenen Parteifunktionärs, der keinerlei Abweichungen von der offiziellen »Heilslehre« duldete. Das ging in der Hauptsache den sozialdemokratischen Karrierebeamten wider den Strich. Sie organisierten sich dann in der Betriebsgruppe des Beamtenbundes, wo sie dem Zugriff des zur ÖTV gehörenden Guillaume entzogen waren.

Als ÖTV-Mitglied verstand es Guillaume meisterhaft, alle Fäden zwischen der gewerkschaftlichen Organisation und ihren Mitgliedern im Bundeskanzleramt in die Hand zu nehmen, zu manipulieren und sich zum unentbehrlichen Bindeglied zwischen Gewerkschaftsorganisation und Mitgliedern zu machen. Das lag natürlich auch weitgehend daran, daß Guillaume auf gewerkschaftlicher Seite so ziemlich alles und jeden kannte, der Rang, Namen und Einfluß hatte. Auf der anderen Seite betreute er die Mitglieder mit Material, gewerkschaftlichen Zeit- und Flugschriften etc., wie man es sich nicht besser wünschen konnte. Lediglich Nicht-SPD-Mitglieder der ÖTV, die in der Minderheit waren, erfreuten sich seiner geringeren Anteilnahme. So wurde Guillaume schließlich bei der Gründung der ÖTV-Betriebsgruppe zum »Vertrauensmann« der Betriebsgruppe gewählt, eine Funktion, die Guillaume vorher ohnehin de facto wahrgenommen hatte. Da die amtierenden Mitglieder des Personalrates nach der damaligen Satzung ohnehin »geborene«, nicht gekorene, Vertrauensleute waren, ergab sich auch hieraus ein näherer Kontakt zu Guillaume, der von ihm, je näher die Personalratswahl 1973 heranrückte, desto intensiver gepflegt wurde. Doch bei der Vorbereitung der Personalratswahl zeigte es sich, daß Guillaume wie viele der SPD angehörende Gewerkschaftsmitglieder zunächst und in erster Linie SPD-Mitglied war und mit dieser Einstellung die kaum gegründete Betriebsgruppe zersprengte. Es gab zahlreiche Austritte. Ich kandidierte mit meiner »Mannschaft« wie immer auf einer »freien Liste«; die von Guillaume zusammengestellten ÖTV-Listen erlitten eine vernichtende Niederlage und fielen beide durch. Im übrigen aber legte Guillaume bei Betriebsgruppensitzungen großen Wert auf Äußerlichkeiten und Kulissen. Um seine besondere Stellung und seine guten Beziehungen zur Amtsleitung auch dem Allerdümmsten nachdrücklich vor Augen zu führen, bevorzugte er für Betriebsgruppensitzungen als Örtlichkeit den Kabinettssaal im Palais Schaumburg – dort setzte er sich natürlich auf den Kanzlerstuhl – und den Kanzlerbungalow. Ich kenne keine Betriebsgruppe im Bundeskanzleramt, der für ihre Sitzungen je solche Privilegien zugestanden worden wären, wie der ÖTV-Betriebsgruppe unter Guillaume, die nach seiner Verhaftung zeitweise völlig in der Versenkung verschwand.

Vom Auftauchen der Verdachtsgründe gegen Günter Guillaume, den Operationen und Observationen merkten das Bundeskanzleramt und der Personalrat nichts. Seine Verhaftung wirkte im Amt wie das Platzen einer Bombe. Die offizielle Version sprach zunächst von der Zerschlagung eines Agentenringes. Spionenfurcht breitete sich im Amte aus. Jeder stellte sich die Frage, was denn Guillaume über ihn persönlich in die DDR berichtet habe. Man suchte seine Helfershelfer. Die allgemeine Unsicherheit wuchs, das Ver-

Entzaubertes Bundeskanzleramt

trauen in die Führung des Amtes, und zwar nicht nur in die politische Führung, sank unter den Nullpunkt. Weitverbreitet war die Auffassung, daß es bei dieser Art von Personalpolitik ja nicht gutgehen konnte. Bei der nachträglichen Betrachtung der Verhaltensweisen des enttarnten Spions, der sich im Amte keineswegs so subversiv benommen hatte wie weiland die Obereunuchen des Großwesirs, fiel nunmehr manches auf, was vorher übersehen wurde. Die Kraftfahrer des Bundeskanzleramtes hatten dann auch gleich gewußt, daß mit diesem Mann etwas nicht gestimmt haben konnte und nicht gestimmt habe. Begründung: Er habe immer »Bitte« und »Danke« gesagt. Journalisten schnüffelten im Amte in dem Privatleben unserer Bediensteten herum, der Personalratsvorsitzende wurde mit den Angehörigen der damaligen Amtsleitung als Zeuge vor den 2. Untersuchungsausschuß des Deutschen Bundestages geladen und vernommen. Endlich klingt das Spektakulum ab.

Auch ein Meisterspion muß entspannen.

6. Die Folgerung

Fragt man nun ein Jahr nach Günter Guillaumes Verhaftung – während ich diese Zeilen schreibe, läuten die Osterglocken den Ostersonntag 1975 ein –, was denn an Nutzanwendungen aus dieser Affäre gezogen worden ist, so weist die Bilanz allenfalls marginale Änderungen auf. Dies ist auch verständlich; denn nach der Meinung der Koalitionsvertreter im Untersuchungsausschuß war es ja doch nur eine Verkettung unglücklicher Umstände, allenfalls verbunden mit dem desolaten Zustand der Geheimdienste, welche die Affäre Günter Guillaume ermöglicht hatten. Doch die für eine bessere Koordination der Nachrichtendienste im Jahre 1975 neu im Amt entstehende Organisationseinheit hat offenbar nichts mit den Schwachstellen zu tun, die im Falle Guillaume zutage getreten waren. Die nach dem 20. Juli 1944 zerschlagene Abwehr des Deutschen Reiches unter Admiral Canaris war in drei Abteilungen gegliedert:

Abteilung I betrieb die Aufklärung im Ausland. Sie entsprach also im wesentlichen dem Aufgabenbereich des Bundesnachrichtendienstes.

Abteilung II umfaßte die »Kommandotruppen«, die spätere Division »Brandenburg«.

Abteilung III befaßte sich mit der Spionageabwehr, die heute im wesentlichen den »Verfassungsschutzämtern« obliegt.

Da es zu den primären operativen Zielen jedes Nachrichtendienstes gehört, mit eigenen Agenten möglichst stark und hoch in den gegnerischen Nachrichtendienst einzudringen und diesen zu infiltrieren und zu durchsetzen, muß sich selbstverständlich auch jede Stelle, die Nachrichten beschafft, schon zu ihrer eigenen Sicherheit mit Spionageabwehr befassen, also auch der BND. Während früher zu Zeiten des Admirals Canaris alle Aufgaben, insbesondere

Nachrichtenbeschaffung und Spionageabwehr in einer Hand lagen, sind sie heute in mehrere Teile zerrissen, so daß die »Schwachstelle« der Nachrichtendienste in der mangelnden Integration der Nachrichtenbeschaffung und Spionageabwehr besteht. Zur Verbesserung dieser Situation trägt die neue Organisation im Bundeskanzleramt aber nichts bei.

Auch Willy Brandt hat offenbar aus der Affäre Guillaume nichts gelernt; denn als SPD-Parteivorsitzender gab er im Herbst 1974 die Anregung, »das Berufsbild des Hauptamtlichen (Parteifunktionärs) auch dadurch attraktiver zu machen, daß wir ihm für seine Laufbahn vereinfachte Übergangsbedingungen in den öffentlichen Dienst zusichern, ebenso wie der Übergang auch in der anderen Richtung erleichtert werden könnte.«

Doch am erschütterndsten erscheint das nur aus Parteitaktik geborene Getriebe der Koalitionsparteien, als sich auf Grund der Aussage von Regierungsrat Toelle ein neuer Untersuchungsausschuß des Bundestages im Gespräch befindet.

Obwohl nach dieser Aussage des Regierungsrats Toelle der Tenor der historischen Anklage nur so lauten kann, daß der ehemalige Bundeskanzler der Bundesrepublik Deutschland Willy Brandt hinreichend verdächtig erscheint, durch seinen damaligen Chef des Bundeskanzleramtes Horst Ehmke und unter Assistenz des NVA-Hauptmanns Günter Guillaume Abgeordnete der Opposition bestochen zu haben, bei dem konstruktiven Mißtrauensvotum im Frühjahr 1972 gegen die Regierung Brandt/Scheel für diese Regierung zu stimmen und damit die Ratifizierung der Verträge von Warschau und Moskau ermöglicht zu haben, womit die Teilung Deutschlands endgültig besiegelt wurde, und auf Grund des Wissens der Ostblockstaaten um diese Dinge die Regierung Schmidt/Genscher in eine Situation gebracht zu haben, die zu politischer Erpressung herausfordert, gedachten die Koalitionsparteien das Thema »Abgeordnetenbestechung«

breit auszuwalzen. Zentraler Punkt sollte dabei nach Angaben des stellvertretenden SPD-Fraktionsvorsitzenden Metzger und des Fraktionsgeschäftsführers Jahn die Person des ehemaligen Oppositionsgeschäftsführers Wagner sein. Ferner hatte die SPD dabei die Finanzierungsgeschäfte des CDU-Abgeordneten Gewandt im Zusammenhang mit Rüstungsgeschäften sowie angeblich unwahre Aussagen von Oppositionsführer Carstens vor dem Guillaume-Ausschuß im Zusammenhang mit Waffengeschäften des Bundesnachrichtendienstes im Auge.

Jahn und Metzger stellten die Frage, ob Wagner aufgrund seiner hohen Verschuldung sicher vor Erpressungen oder nicht vielmehr ein »Sicherheitsrisiko« gewesen sei.

So tief sind wir also in unserem historischen Bewußtsein gesunken, daß private Finanzierungsgeschäfte von Abgeordneten und eine angeblich unzutreffende Zeugenaussage zu einem bedeutungslosen Punkt dem Drama der endgültigen deutschen Teilung gleichgestellt werden, einem Drama, dessen Stoff der Darstellung eines Shakespeare würdig wäre.

Auf jeden Fall wäre es im Interesse des deutschen Volkes weitaus besser gewesen, wenn Willy Brandt für seinen Rücktritt eine umfassende, schlüssige und verständliche Begründung gegeben hätte, welche alle Verdachtsmomente restlos ausgeräumt hätte. Doch bisher schweigt Willy Brandt beharrlich.

Als ich im Sommer 1971 mit Günter Guillaume zusammen auf der schönen Rheinterrasse der Lese- und Erholungsgesellschaft in Bonn saß, kam unser Gespräch auch auf die Ostpolitik der damaligen Regierung. Ich sagte Guillaume, daß er von mir als einem gebürtigen Schlesier wohl kaum große Begeisterung für die Ostpolitik Willy Brandts erwarten könne. In einem geteilten Land müsse man aber auch Verständnis für einen anderen Standpunkt haben. Dabei verwies ich ihn als Parallele und Analogie auf die Schilderung, die Friedrich Sieburg in seinem Buch über »Napoleon« von der Situation gibt, als Napoleon im Jahre 1814 nach dem feierlichen Einzug der Verbündeten in Paris bei seiner Truppenschau in Fontainebleau noch glaubt, das Schicksal wenden zu können. Seine Hoffnung ist Marmont: »Er weiß noch nicht, daß sein ältester Waffengefährte, Marmont, der einst an seiner Seite voll jugendlichem Schwung nach Italien gezogen ist, mit Schwarzenberg verhandelt und sich bereit erklärt hat, seine Stellung bei Essonne mit seiner ganzen Armeegruppe zu räumen und 'die Armee Napoleons zu verlassen'.

So schickt sich der brave Marmont an, als Judas in die Geschichte einzugehen; aus seinem Herzogsnamen Ragusa wird man dereinst ein Zeitwort bilden, das 'verraten' bedeutet. Die Geschichte bedarf solcher Figuren, um sich die mühevolle Abwägung von Recht und Unrecht zu erleichtern. Jeder klagt jeden an, sein Wort gebrochen und den Kaiser verlassen zu haben. In Wirklichkeit gibt es in diesem Augenblick fast nur Verräter, Überläufer und Feiglinge. Es kann gar nicht anders sein, weil niemand genau sagen kann, wo das eigentliche Wohl Frankreichs liegt und ob es wichtiger ist, dem Kaiser zu folgen oder dem Lande treu zu bleiben.«

Ich fügte hinzu, auch in einem geteilten Lande könne niemand genau wissen, wo das eigentliche Wohl Deutschlands liege. Als ich dies gesagt hatte, schwieg der Spion längere Zeit in sich versunken. Er hatte offenbar mehr Verständnis für die historische Stunde und die historische Situation als die bloßen Parteitaktiker der Koalitionsparteien.

Dritter Teil

Der »Politische Terrorismus« wird für den Personalrat ein Problem

Mit der Entführung des West-Berliner Landesvorsitzenden der CDU Peter Lorenz am 27. Februar 1975 und dem Überfall auf die Deutsche Botschaft in Stockholm am 24. April 1975 trieben die Aktionen des politischen Terrorismus im Frühjahr 1975 einem einstweiligen Höhepunkt zu. Einem vorläufigen Höhepunkt deswegen, weil nach einer Ende Juli 1975 in der Öffentlichkeit bekanntgewordenen Studie des Bundeskriminalamtes (BKA) die Baader/Meinhof-Bande insgeheim eine strategische Eingreifreserve für neue bewaffnete Aktionen im Rahmen eines neuen strategischen Konzeptes organisierte. Dabei sollte legale und illegale Tätigkeit miteinander verbunden und die Umfunktionierung der Komitees zu militanten Kadern einer »Stadtguerilla« angestrebt werden. Zahlenmäßig war mit 23 sogenannten »Verteidigerkomitees«, mit 450 Mitgliedern und 550 Sympathisanten zu rechnen. Damit lag wohl die angenommene Zahl der operativen Kräfte höher als die von Bundesinnenminister Prof. Dr. Maihofer am 12. Juni 1975 im Deutschen Bundestag angegebenen Zahlen. Maihofer sprach von 24 im Untergrund lebenden Terroristen, von unter 100 gefährlichen Mittätern, von 200 bis 300 aktiven Sympathisanten und einem weiteren Kreis von 2 000 bis 3 000 potentiellen Sympathisanten. Für talentierte Techniker des Staatsstreiches wie Trotzki und Stalin, die ihren Staatsstreich mit jeweils 1 000 Berufsrevolutionären in Form eines »bewaffneten Streiks« in Szene setzten, keine trostlose Bilanz.

Nach der von den Experten des Bundeskriminalamtes angestellten Prognose war die Ruhe nach dem Scheitern des Stockholmer Attentates trügerisch und nur vorübergehend; denn wie auch der bekannte Historiker irregulärer Kriegführung Otto Heilbrunn in seinem Buch »Die Partisanen in der modernen Kriegführung« feststellt, kann es sich keine Guerillabewegung erlauben, lange untätig zu bleiben, will sie nicht ihre Moral und das Bewußtsein ihres Zieles verlieren. Man rechnete daher im Bundeskriminalamt damit, daß die Entwicklung zu einer weiteren Phase mit totaler Militanz führen würde. Was bevorstand, konnte man allenfalls erahnen, wenn man auf Argentiniens Hauptstadt Buenos Aires blickte, wo Ende Juli 1975 eine neue Terrorwelle mit koordinierten Aktionen der Stadtguerilla anlief, in der Molotowcocktails und Panzerfäuste eine hervorragende Rolle spielten und Stadtguerillas Überfälle auf Polizei- und Militärposten, Geschäfte, Banken und Verwaltungsgebäude durchführten. Aber auch die noch zur Phase der »bewaffneten Propaganda« gehörenden Aktionen des Winterhalbjahres in der Bundesrepublik waren durchaus eindrucksvoll. Am 10. November 1974 wurde der Präsident des Berliner Kammergerichts Günter von Drenkmann in seiner Wohnung ermordet. Bei der Entführung von Peter Lorenz wurde dessen Ermordung für den Fall angedroht, daß fünf namentlich benannte Häftlinge nicht bis spätestens 3. März 1975, 10^{00} Uhr, aus der Bundesrepublik ausgeflogen würden. Da die Peter Lorenz unmittelbar drohende Lebensgefahr anders nicht abwendbar erschien, gab der Staat der Forderung der Entführer nach gründlichen rechtlichen und staatspolitischen Erwägungen nach. Die ganze Welt wurde am Bildschirm Zeuge von der Erpreßbarkeit des Staates. Der ehemalige Bundeskanzler Willy Brandt sprach in der Debatte des Bundestages vom 13. März 1975 von der Ohnmacht des

Entzaubertes Bundeskanzleramt

Staates, wenn es darum gehe, Menschenleben zu retten, »wobei es keinen prinzipiellen Unterschied mache, ob es sich um ein Menschenleben handele oder mehrere.« Die an sich für Terroristen kalkulierbare Ohnmacht des Staates, der ein oder mehrere Menschenleben für absolut setzt, wurde bei dem Überfall auf die Deutsche Botschaft in Stockholm insofern gegenstandslos, als die Regierung nicht mehr den Wert eines Menschenlebens als absolut gelten ließ und damit Härte demonstrieren konnte. Bei der freilich ganz anders als im Fall Lorenz gearteten Situation floß Blut. Es gab Tote und Verwundete. Die Deutsche Botschaft in Stockholm hatte zur Sicherung zwei Grenzschutzbeamte erhalten, von denen der eine während des Überfalles gerade Einkäufe tätigte. Der andere mußte völlig überrumpelt worden sein; denn er

Panzerwagen vor dem Kanzleramt.

166 · *Entzaubertes* Bundeskanzleramt

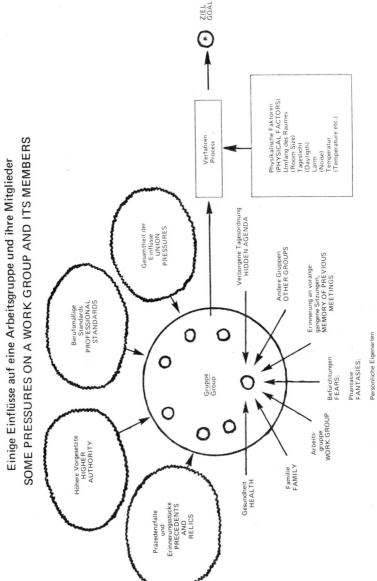

Entzaubertes Bundeskanzleramt 167

wurde in der Presse nicht einmal erwähnt. Allein der Militärattaché v. Mirbach versuchte anscheinend Widerstand zu leisten. Er starb an den Folgen der ihm beigebrachten Schußverletzungen.

Im Mai 1975 trat in der Bundeshauptstadt offenbar ein erhöhtes Sicherheitsbedürfnis auf. Nach einem blutig verlaufenen Feuergefecht zwischen Polizei und Terroristen in Köln rechnete man anscheinend wegen des bevorstehenden Baader/Meinhof-Prozesses mit Attentaten. Man sprach von einer Welle von Attentatsdrohungen. Binnen kurzem sah die Bundeshauptstadt im Regierungs- und Diplomatenviertel aus, als ob der Belagerungszustand verhängt worden wäre: Stacheldrahtverhaue, Panzerwagen mit Maschinengewehren, Posten und Patrouillen mit Maschinenpistolen vor und in öffentlichen Gebäuden. Auch das Bundeskanzleramt machte hiervon keine Ausnahme.

Der Personalrat mußte sich daher auch mit dem Sicherheitsproblem auseinandersetzen, das ihn schon deshalb einer schweren Belastungsprobe unterwarf, weil es notfalls auch galt, unpopuläre Anliegen zu vertreten.

Personalräte unterliegen wie alle Gruppen bei ihren Entscheidungen den Gesetzen der Gruppendynamik. Der Verlauf des Entscheidungsprozesses hängt im wesentlichen von den Interaktionen unter den Gruppenmitgliedern ab, die neben der Aufgabe und Methode das Ergebnis der kollektiven Entscheidung, nämlich den Beschluß bestimmen. Hinzu kommt noch eine ganze Reihe von einzelnen auf die Gruppe wirkenden Einflüssen, die das beigefügte Schaubild der englischen Civil service academy in Sunningdale eindrucksvoll wiedergibt.

Der Entscheidungsprozeß einer Gruppe verläuft daher niemals streng rational von dem Beginn der Erörterungen bis zum Schluß, da hier gewöhnlich zu wenig Interaktionen und ein auf die Dauer unbefriedigendes Gruppenerlebnis die Arbeit der Gruppe lähmen würden. Aufgabe jedes Vorsitzenden, der darum bemüht ist, daß seine Gruppe langfristig nicht arbeitsmäßig auseinanderfällt, muß es daher sein, Interaktionen unter den Gruppenmitgliedern zu stimulieren und ihnen damit ein befriedigendes Gruppenerlebnis zu verschaffen. Das bedeutet auf der anderen Seite unvermeidlich ein Abweichen von dem rationalen Entscheidungsprozeß von Einzelpersonen, insbesondere dann, wenn es gilt, auch unpopuläre Anliegen zu vertreten, welche auf künftige Wahlaussichten von Personalratsmitgliedern zurückschlagen können. Unpopuläre Beschlüsse werden daher gewöhnlich durch eine Vielzahl unterschiedlicher Motive der einzelnen Mitglieder getragen.

Als der Personalrat die Amtsleitung um Aufklärung für die Gründe der angeordneten Sicherheitsmaßnahmen bat – so wurden sämtliche Parkplätze für die Pkw's der Amtsangehörigen im Bundeskanzleramt gesperrt –, erhielt er den kommentarlosen Hinweis auf die Sicherheitslage. Die einzelnen Personalratsmitglieder waren daher je nach Kenntnis und Erfahrungsbereich auf eine eigene Lagebeurteilung angewiesen; denn nach den getroffenen Vorkehrungen mußte die Bedrohung sehr ernst genommen werden und eine Aktion gegen das Bundeskanzleramt zumindest einen gewissen Grad der Wahrscheinlichkeit für sich haben.

Wichtigstes offizielles Dokument war dabei die sogenannte Sicherheitsdebatte in der 155. Sitzung des Deutschen Bundestages vom 13. März 1975, die es zu analysieren galt.

Dabei fiel auf, daß mit ganz geringen Ausnahmen, so bei Bundesjustizminister Dr. Vogel, nahezu bei allen prominenten Rednern die Diagnose der Strategie des politischen Terrorismus mit der vorgeschlagenen Therapie kaum in Übereinstimmung zu bringen war. Der für die innere Sicherheit verantwortliche Bundesinnenminister Dr. Dr. h.c. Maihofer äußerte sich in dieser und der folgenden Debatte am 12. Juni 1975 wie folgt:

Entzaubertes Bundeskanzleramt

»Wir stehen bei diesem modernen Terrorismus – und ich glaube, da stimmen wir überein; das hat ja gerade auch der Bundeskanzler in seiner Regierungserklärung ausdrücklich herausgehoben – ganz offenkundig vor einem internationalen Problem nicht nur in Hinsicht auf die zunehmende Internationalisierung dieser terroristischen Organisationen, sondern auch in Hinsicht auf ihre aus Guerillakampf und Partisaneneinsatz entwickelte terroristische Strategie, vor allem der südamerikanischen Stadtguerilla, nach deren Rezept und Ritual ja auch die Entführer von Peter Lorenz, wie Sie feststellen konnten, bis in die Einzelheiten der Regieanweisungen hinein verfahren sind. Schon in einer 1971 erschienenen Anleitung unter dem Titel 'Konzept der Stadtguerilla' heißt es dazu bezeichnend:
'Stadtguerilla zielt darauf, den staatlichen Herrschaftsapparat an einzelnen Punkten zu destruieren, stellenweise außer Kraft zu setzen, den Mythos von der Allgegenwart des Systems und seiner Unverletzlichkeit zu zerstören.'«
»Entgegen der marxistisch-leninistischen Strategie, die auf kollektiven Terror der revolutionären Massen setzt, hält der vor allem aus der Strategiekonzeption der südamerikanischen Stadtguerilla auch in unser Land importierte Terrorismus den individuellen Terror von revolutionären Gruppen für das geeignete Mittel, das als 'Klassenherrschaft' und 'Gewaltherrschaft' denunzierte System der freiheitlich rechtsstaatlichen Demokratie umzustürzen. Eine irreale Strategie, bezogen auf eine irreale Situation! Denn eben für die hier vorausgesetzte revolutionäre Situation besteht in der Wirklichkeit unserer liberalen und sozialen Demokratie keinerlei Ansatz und Anlaß. Also soll sie durch die terroristische Strategie zunächst überhaupt erst herbeigeführt werden.«
»Gegen diesen so als Ersatzrevolution, ja, als eine Art Ersatzkrieg betriebenen individuellen Terrorismus bleibt dem freiheitlichen Rechtsstaat bei allem Verstehen von Ursachen keine andere Wahl als die, sich mit seinen äußersten Mitteln gegen solche Herausforderung zur Wehr zu setzen.«

Aus diesen Ausführungen zur Diagnose mußte nun konsequenterweise die Schlußfolgerung einer irregulären Kriegführung abgeleitet werden, zumal nicht nur der Bundesinnenminister, sondern nahezu alle Redner die Bedeutung der politisch geistigen Auseinandersetzung mit dem politischen Terrorismus hervorhoben, ein Postulat, das in das bekannte Bild Mao Tse-tungs von den Fischen (Partisanen), die im

Wasser (Bevölkerung) schwimmen, Leben bringt und eingeordnet werden kann.

Irreguläre Kriegführung aber ist kein Problem der herkömmlichen Kriminalpolitik, wie sich auch den Ausführungen des Bundeskanzlers Helmut Schmidt in derselben Debatte entnehmen ließ.

»Mir scheint, in erster Linie ist die Wirksamkeit der Strafverfolgung, also die Sicherheit, mit der ein Täter seine Bestrafung erwarten muß, für die Sicherheit in unserem Lande entscheidend. Allerdings: Gegenüber Terroristen, die sich in bewußter Willensentscheidung gegen unsere rechtsstaatliche Ordnung auflehnen und ihr eigenes Leben dabei aufs Spiel setzen wollen – und dafür gibt's ja Beispiele im Inland wie im Ausland –, müssen zwei wesentliche Grundgedanken des Strafrechts versagen: gegenüber solchen muß die Abschreckung und muß wohl auch die Resozialisierung versagen; denn der Terrorist will sich ja in unsere Gesellschaft nicht einfügen. Im Gegenteil, er will sie umstürzen, ihr seine totalitären Ansprüche aufzwingen, und er läßt sich auch durch noch so hohe Strafen, auch nicht durch die Todesstrafe abschrecken; denn er ist ja bereit, aus Fanatismus sein Leben wegzuwerfen. Alle Beispiele, auch die internationalen, zeigen das. Auch das israelische, vielfältig zitierte Beispiel zeigt immer wieder, daß selbst härtestes Durchgreifen eines Staates, der in einer Verteidigungssituation sich nicht scheuen kann, selbst zu töten, den Terrorismus nicht bricht, weil eben die Terroristen ihr eigenes Leben aufs Spiel setzen wollen. Für die Bekämpfung dieser Terroristen bleibt folglich nur der dritte Grundgedanke des Strafrechts wirksam, nämlich die Sicherung. Das heißt, wir müssen sie hinter Schloß und Riegel bringen.«

Demnach ist also so gut wie gar nichts von den Grundlagen des herkömmlichen Strafrechts anwendbar. Keine General- und keine Spezialprävention beim politischen Terrorismus. Der Sühnegedanke, obwohl bis zum Beginn des 19. Jahrhunderts der eigentliche Rechtfertigungsgrund des Strafrechts, wird überhaupt nicht mehr erwähnt. Das biblische »ius talionis«, das System der spiegelnden Strafe, das »Auge um Auge, Zahn um Zahn«, ist im Ergebnis abgeschafft. Konsequent daher auch die Ablehnung der Todesstrafe, konsequent in meinen Augen allerdings nicht im Rahmen der General- und Spezialprävention, sondern weil im Bereich der Kriegführung, und sei es auch nur die irreguläre Kriegführung, die Denkkategorie »Todesstrafe« oder »Freiheitsstrafe« als Strafe keinen logischen Standort mehr hat. Ein Gegner, der bei Operationen einer irregulären Kriegführung getötet oder gefangen genommen wird, wird weder mit einer Todes- noch mit einer Freiheitsstrafe belegt. Auf der anderen Seite bedeutet dies keineswegs das »Standrecht« oder Tod aller ergriffenen politischen Terroristen, weil sich nach den Erfahrungen der irregulären Kriegführung eine solche Verhaltensweise nicht bezahlt macht. Der bekannte englische Historiker irregulärer Kriegführung Otto Heilbrunn erklärt in seinem Buch »Die Partisanen der modernen Kriegführung« ausdrücklich:

»Die Deutschen hatten aus bitterer Erfahrung gelernt, daß Härte den Widerstand der Partisanen versteifte und daß, wenn überhaupt etwas ihn schwächen konnte, es eine mildere Behandlung der gefangengenommenen Partisanen war. Sie hatten ihre Lektion zu spät gelernt, aber dies kann die Gültigkeit des Prinzips nicht verringern.«

Die irreguläre Kriegführung scheint demnach eine Elastizität in der Behandlung der Terroristen zu verlangen, die im Rahmen des traditionellen Strafrechts nicht möglich erscheint.

Auch der Hauptredner der Opposition, der CDU-Abgeordnete Dr. Dregger, stimmt in der Diagnose mit Bundeskanzler Schmidt und Bundesinnenminister Dr. Maihofer überein:

»Die Politkriminalität organisierter Banden unterscheidet sich von der allgemeinen Kriminalität durch folgende Umstände:
Erstens. Den Politgangstern geht es um die Durchsetzung eines zwar pervertierten, aber doch politischen Ziels. Die sich gegen den einzelnen richtenden Verbrechen sind nicht Selbstzweck, sie werden vielmehr in den Dienst eines verbrecherischen Gesamtziels gestellt. Sie wollen den Staat als hilflos und den Bürger als schutzlos erscheinen lassen. Das soll zur Auflösung der rechtlichen Ordnung führen und einem totalitären Gewaltsystem die Machtübernahme ermöglichen.
Zweitens. Die Politgangster sind hervorragend organisiert, verfügen über internationale Verbindungen und verstehen sich selbst als Krieg-

führende, als Kriegführende allerdings, die sich weder an die Regeln des Kriegs- noch an die Regeln des Friedensrechts halten wollen.«
»Meine Damen und Herren, nur noch eine Zusatzbemerkung. Ich halte die Politgangster nicht für abartige Hang- und Triebtäter, gegen die in der Tat eine gesetzliche Todesdrohung wirkungslos wäre. Ich halte sie auch nicht alle für Anarchisten alter Art. Ich glaube, wir müssen sie ernst nehmen als eine Bande eiskalt entschlossener, nüchtern kalkulierender Leute, die den Willen haben, ihre Vorstellung von Staat und Gesellschaft mit Gewalt und den Mitteln psychologischer Kriegführung den anderen aufzuzwingen. Der ganze Hungerstreik war ein Stück psychologischer Kriegführung.«

Kriegführende in der Form eines Glaubenskrieges, wenn man dem Gedankengang des bekannten Soziologen Helmut Schelsky in seinem Buch »Die Arbeit tun die anderen« folgt:

»In der Tat fällt dem modernen liberalen Rechtsstaat nichts schwerer, als die ihn bedrohenden Heilsherrschaften zu verwerfen und politisch im Zaum zu halten; erst wenn der totalitäre Herrschafts-Charakter dieser Heilsverkünder in eroberten politischen Machtstellen zutage tritt, glaubt die moderne Rechtsstaatlichkeit, eingreifen zu müssen, und dann ist der Kampf bereits verloren, weil die sich total unterwerfende Glaubensbereitschaft nicht mehr durch staatliche Sanktionen gemindert, sondern eher nur noch verstärkt werden kann. So wendet sich der moderne Rechtsstaat unterdrückend nur gegen jene Vertreter der sozialen Heilsverheißungen, die diese mit Gewaltakten gegen Menschen und Einrichtungen durchsetzen wollen. Diese 'Radikalen' oder 'Extremisten' werden dann als einfache Kriminelle eingestuft, was sie natürlich nicht sind. Diese Einschätzung, genauso wie die Kennzeichnung als 'Radikale', verkennt, daß es diesen 'Verbrechern' nicht um Normbruch, sondern um die Beseitigung des rechtsstaatlich-politischen Normgefüges selbst zugunsten einer heilsorientierten Prophetenherrschaft geht; die Verharmlosung dieses Tatbestandes zu bloßem 'kriminellen Radikalismus' stellt daher eine Selbstberuhigung der Politiker dar, die sich mit legalistischer Blindheit schlagen, um die größere Gefahr, die den Grundlagen ihres Gemeinwesens und seinen Bürgern von einer neuen Priesterherrschaft drohen, nicht sehen zu müssen.«

und an anderer Stelle:

»Die kriminellen Gewalttaten der Baader/Meinhof-Bande in der Bundesrepublik sind keine politische Erscheinung, sie sind Vorboten von Glaubenskämpfen, für die die Anhänger der neuen Sozialreligion zwar keine politische und juridische Anerkennung, wohl aber heilsgläubi-

Entzaubertes Bundeskanzleramt 173

Andreas Baader am dritten Verhandlungstag im Baader-Meinhof-Prozeß.

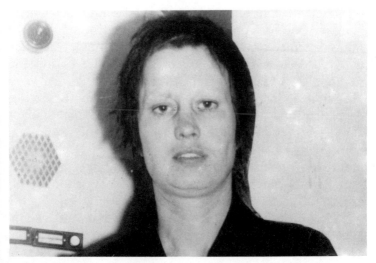

Ulrike Meinhof – Vorbotin von Glaubenskämpfen.

ges Verständnis aufbringen, denn hier wird die vorhandene soziale Wirklichkeit mit dem Einsatz des eigenen Lebens dementiert, eine Bereitschaft zum Märtyrertum, das die Masse der Gläubigen zwar nicht wagt, aber vorläufig geheim verehrt.«

Demnach also irreguläre Kriegführung in seiner erbittertsten Form, nämlich der eines Glaubenskrieges, wo historisch gesehen bisher weder Pardon gegeben noch genommen wurde.

Nach diesen im Kerngehalt wohl übereinstimmenden Diagnosen auf irreguläre Kriegführung hätte man nun annehmen müssen, daß die Therapie auf dem Felde der Diagnose gelegen hätte und über Strategie, Taktik und Methoden von Antipartisanen- oder Antiguerillakräften (Otto Heilbrunn) einschließlich der Nutzanwendungen aus der Historie erfolgreicher oder erfolgloser Guerillakriege debattiert worden wäre. Die Durchleuchtung der Vergangenheit wäre auch insofern aufschlußreich gewesen, weil alle die erfolgreichen Guerilla-Feldzüge des irisch-republikanischen Heeres, der Irgun- und der Sterngruppe in Israel und der algerischen Revolutionäre in weitgehend städtischer Umgebung ausgeführt wurden und die Guerillakämpfe der 60er Jahre in Kanada, Brasilien, Argentinien, Uruguay und den USA, wie Warren Hinckle (»Guerillakrieg in USA«) mitteilt, stadtorientiert gewesen sind. Aber es fällt weder ein Wort über strategische Ziele, wie den Angriff auf die Basen, die nach Mao Tse-tung für den Guerillakrieg wesentlich sind, da kein Kleinkrieg ohne Basen lange geführt werden kann – im vorliegenden Falle eine internationale Frage – noch über Methoden wie Partisanenhetze, den britischen Schneebesen, Pseudo- oder Gegenbanden, Jagdkommandos, Störgruppen, Nachrichtenkontrolle oder die Taktik der »Special Air Service-Einheiten«. Man erwähnt weder die ungewöhnliche Dauer noch die notwendige große numerische Überlegenheit bei derartigen Auseinandersetzungen. Vielleicht wäre auch die Erörterung einer solchen Institution wie der norwegischen Heimwehr angebracht gewesen, welche im Partisanenkampf die aktive Armee ergänzen aber nicht ersetzen soll. Lediglich in der von allen Rednern betonten Notwendigkeit der geistig politischen Auseinandersetzung mit den politischen Terroristen kann man das aus dem Partisanenkrieg abgeleitete Prinzip wiedererkennen, daß nämlich die Kunst, die Partisanen zu schlagen, in der Kunst besteht, die Bevölkerung gegen sie zu kehren. Doch das Problem besteht eben darin, wie dies am besten erreicht werden kann.

Es wird insbesondere von den Rednern der Opposition lediglich auf ein von den Experten auszuarbeitendes Programm hingewiesen, wobei wiederum zweifelhaft ist, welcher Art diese Experten sein sollen. Experten des Guerillakampfes oder Experten in der Kriminologie; denn in der Debatte vollziehen nahezu alle Redner in der Frage der Therapie des politischen Terrorismus die Hinwendung zur herkömmlichen Kriminalpolitik und zur Reform von Strafprozeß und Strafrecht. Für den aufmerksamen Betrachter eigentlich ein Bruch zwischen Diagnose und Therapie, der die Therapie als inadäquat und daher wirkungslos erscheinen läßt.

Die »Gegenstrategie« gegen den politischen Terrorismus steht sowohl in der Bundestagsdebatte vom 13. März 1975 wie auch am 12. Juni 1975 völlig im Bereich der herkömmlichen Kriminal- und Strafrechtspolitik. Man debattiert über Strafverteidiger-Privilegien, die Ausschließung von Verteidigern, Verfahrenssabotage, Vorwerfbarkeit an Beteiligungen terroristischer Vereinigungen, über die Aufklärung von Straftaten terroristischer Vereinigungen, den Ermittlungsnotstand, das Verwertungsverbot für gewisses Belastungsmaterial, die Sicherheitsüberwachung, die Erweiterung der tätigen Reue, die Streichung des Parteienprivilegs bei terroristischen Vereinigungen, ja über das Demonstrationsstrafrecht und eine allgemeine Verschärfung der einschlägigen

Strafandrohungen. Auf der gleichen Linie liegt auch das spätere »Offensivkonzept der Union«.

Bundesjustizminister Dr. Vogel hält das Problem der Abwehr terroristischer Gewalttaten und terroristischer Gewalttäter allein für eine Frage der Strafrechtsreform. Im Vordergrund steht für ihn die »Abschreckung«, der Schutz der Gemeinschaft und die Verteidigung der Rechtsordnung. Ganz im Sinne des traditionellen Rechtsdenkens werden nach ihm Freiheitsstrafen verhängt aus Gründen der Generalprävention und zum Schutz vor weiteren Anschlägen durch die Verurteilten. Allein Bundeskanzler Helmut Schmidt scheint mit solcher konventionellen Gegenstrategie nicht ganz einverstanden; denn:

> »Die neue Herausforderung durch den Terrorismus gibt allen Anlaß, sorgfältig zu prüfen, ob alle die eben angedeuteten Möglichkeiten und Notwendigkeiten überall von den dazu Berufenen wirklich voll genutzt werden; denn z.B. ohne die nachrichtendienstliche Arbeit des Verfassungsschutzes in Bund und Ländern würden polizeiliche Ergebnisse zu einem erheblichen Teil vom Zufall abhängen.
>
> Meine Damen und Herren, ich habe am vergangenen Donnerstag in einer Fernsehansprache ausgeführt – und ich wiederhole es hier –: Alle Beteiligten müssen im Lichte der jüngsten Erfahrungen prüfen, ob und gegebenenfalls wo Verbesserungen noch möglich oder notwendig sind, d.h. ob die neue Herausforderung des Terrorismus nicht auch noch neue Vorkehrungen für dessen Bekämpfung erfordern könnte.«

Was hätte wohl Mao Tse-tung dazu gesagt, die Gegenstrategie zur irregulären Kriegführung als Reform des Strafrechts und des Strafprozeßrechts zu behandeln, er, der wie kein anderer zum Verständnis der Kleinkriegstrategie beigetragen hat und das Kriegshandwerk der Partisanen als erster als einen gültigen Gegenstand der militärischen Wissenschaft behandelt hat? Er hätte wohl an seine Worte vom Dezember 1936 angeknüpft:

> »Das Unvermögen, die Eigenheiten des revolutionären Krieges zu verstehen, bedeutet Unfähigkeit, ihn zu führen.«

Und im Mai 1938:

> »Der Revolutionskrieg hat einzelne spezielle Gesetze eigener Art.«

Entzaubertes Bundeskanzleramt

Mao-Tse-Tung: »Das Unvermögen, die Eigenheiten des revolutionären Krieges zu verstehen, bedeutet Unfähigkeit, ihn zu führen.«

Den Gesetzen eigener Art konnte man durch das Studium von »Minimanual of the Urban Guerilla« von Carlos Marighella näherkommen, der die taktischen Vorzüge der Stadtguerilla-Kriegführung gegenüber dem traditionellen Krieg auf dem Lande herausstellte und damit der neuen revolutionären Ideologie des Stadtguerilla-Krieges gegen den modernen Industriestaat Bahn brach. Bei der Verlagerung des Guerilla-Schlachtfeldes in die Stadt spielt in der Lehre und den »Aktionsmodellen« des Brasilianers die »Überraschung« eine entscheidende Rolle:

»Zum Ausgleich für seine allgemeine Schwäche und seinen Waffenmangel im Vergleich zum Feind arbeitet der Stadtguerilla mit dem Überraschungseffekt. Der Feind hat keine Möglichkeit, diesen zu bekämpfen, und wird verwirrt oder vernichtet.
Als der Stadtguerilla-Krieg in Brasilien ausbrach, bewies die Erfahrung, daß Überraschung für den Erfolg jeder Stadtguerilla-Operation wesentlich ist. Die Technik der Überraschung beruht auf vier Grundlagen:
a) Wir kennen die Situation des Feindes, den wir angreifen wollen, im allgemeinen infolge präziser Information und peinlicher Beobachtung, während der Feind nicht weiß, daß er angegriffen werden soll, und die Angreifer nicht kennt.
b) Wir kennen die Stärke des Feindes, der angegriffen werden soll, aber der Feind weiß nichts über unsere Stärke.
c) Wenn wir überraschend angreifen, sparen und erhalten wir unsere

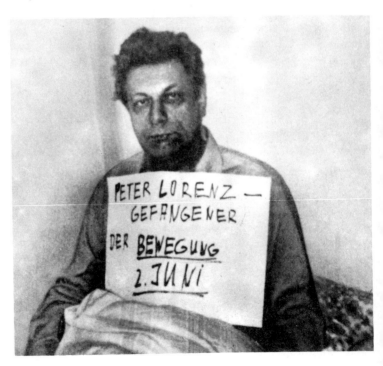

Peter Lorenz. Die Überrumpelung glückte vollständig.

Kräfte, während sich der Feind nicht so verhalten kann und den Ereignissen ausgeliefert bleibt.
d) Wir bestimmen Ort und Zeit des Angriffs, wir legen seine Dauer und sein Ziel fest. Der Feind weiß von alledem nichts.«

In der Tat glückte sowohl im Falle Peter Lorenz wie in Stockholm die Überraschung. Die Opfer wurden vollständig überrumpelt. Das taktische Problem für eine erfolgreiche Abwehr lag also offenbar darin begründet, die durch Überraschung erzielbaren Anfangserfolge nicht zu einer kompletten Überrumpelung ausreifen zu lassen; denn glückt die Überrumpelung nicht, so können sich die Terroristen nicht auf ein langes Feuergefecht einlassen. Die Frage der Überrumpelung erscheint zunächst einmal als eine Frage der Quantität der Sicherheitsstreitkräfte; denn eine Überraschung von 2 Bewaffneten ist nun einmal einfacher zu bewerkstelligen als die von 20, besonders dann, wenn letztere gut disloziert sind. Daraus folgt, daß die Chancen der Abwehr und damit die Abschreckung mit der Zahl der Abwehrbereiten wächst.

Das ungehemmte zahlenmäßige Wachstum der Sicherheitskräfte steht aber nicht nur für das Bundeskanzleramt, sondern auch allgemein unter drei eingrenzenden Bedingungen:

1. Der begrenzten Zahl der zur Verfügung stehenden hauptberuflichen Sicherungskräfte.
2. Dem auch in der irregulären Kriegführung von heute noch gültigen Satz Friedrichs d. Großen: »Wer alles defendieren will, defendiert nichts.« Im zeitgemäßen Deutsch: »Wer mit einigen 1000 Angehörigen des Bundesgrenzschutzes sämtliche Behörden der Bundesrepublik schützen will, schützt im Grunde nichts, also keine Behörde.«
Otto Heilbrunn formuliert ähnlich:
»Somit ist klar, daß Partisanen einem Gegner, selbst einem schwächeren, nur dann das Gesetz des Handelns nehmen können, wenn er seine Kräfte über ein zu weites Gebiet zerstreut, sich der Angriffsmittel beraubt und dadurch die Initiative verliert. Weil er dann die Bevölkerung nicht schützen kann, ist ihm beinahe vorherbestimmt, den Krieg zu verlieren.«

3. Der zu erwartenden langen Dauer der Sicherungsphase bei begrenzter zahlenmäßiger Kapazität der Kräfte; denn mit Sicherungsaufgaben von Gebäuden, die man in der Vergangenheit dem Landsturm oder der Landwehr anzuvertrauen pflegte, mußten die vorhandenen Kräfte anderen und wichtigeren Aufgaben, nämlich ihren eigentlichen Aufgaben entzogen werden.

In qualitativer Hinsicht konnte man den damaligen Sicherungskräften – es war die Zeit vor den Ende Juli 1975 eingeleiteten Reformbemühungen des Bundesinnenministers, die zur Einteilung der Bundeshauptstadt in mehrere »Sicherheitsareale« und zur Bildung eines »Kommando West« des Bundesgrenzschutzes in Bonn-Duisdorf führten – wohl kaum einen höheren Gefechtswert zusprechen als weiland anno 1757 der Reichsarmee bei Rossbach. Für einen mit der irregulären Kriegführung Vertrauten bedeuteten auch die Panzerwagen keinen allzu großen Trost; denn die Überlegenheit der Partisanenjäger an Ausrüstung und schweren Waffen hat in der Historie oft überhaupt nicht gezählt, weil sie auf Grund der örtlichen Verhältnisse gar nicht zum Tragen kamen.

Angesichts dieser Situation konnte sich natürlich der Personalrat mit der Standardantwort begnügen, daß es keine absolute Sicherheit gebe. Da es aber schließlich um die persönliche Unversehrtheit unserer Kollegen ging, mußte man sich selber wohl eingestehen, daß man in jedem Falle das Sicherheitsrisiko durch zusätzliche Maßnahmen senken und damit die Abschreckungsgefahr gegenüber den Terroristen erhöhen konnte. Bei Otto Heilbrunn konnte man in seinem Buch »Die Partisanen in der modernen Kriegführung« über die Taktik der Partisanenbekämpfung nachlesen:

»Die Taktik der Partisanenbekämpfung ist daher die folgende:
In Hinsicht auf die Bevölkerung:
1. Sie muß vor den Partisanen geschützt werden, am besten durch Selbsthilfe, durch Heimwehr und Miliz, unterstützt von Streitkräften der Partisanenbekämpfung, die schnell zu ihrem Beistand herankommen können.«

Entzaubertes Bundeskanzleramt

Setzt man für die Bevölkerung das Wort »Behörde«, so bot sich eine Art bewaffneter Hausordnungsdienst oder eine Art Hausmiliz zur Ergänzung der vorhandenen hauptberuflichen Streitkräfte an. Wie erst Mitte August 1975 aus der Tagespresse bekannt wurde, hatte das Bundesverteidigungsministerium diesen Weg verhältnismäßig früh beschritten; denn »gemäß einer internen Anweisung sollte für jeden Flur eine Handfeuerwaffe – Pistole oder Maschinenpistole – ausgegeben werden.«

Unabhängig hiervon war auch die Mehrheit des Personalrates im Bundeskanzleramt mit Alexander Solschenizyn der Meinung, daß das sanfte Schaf des Wolfes Leckerspeise ist, und nach den Worten des alten griechischen Schriftstellers Thukydides verfahren werden sollte: »Die Stärke einer Stadt sind weder Schiffe noch Mauern, sondern Männer.« Dieser Satz sollte eigentlich nicht nur für alte griechische Städte, sondern auch für zeitgemäße Behörden gelten, sofern in ihnen Männer zu finden sind.

Der Personalrat übermittelte daher dem Chef des Bundeskanzleramtes als Denkanstoß und »Ultima ratio« zur Verstärkung der Sicherheitsmaßnahmen die Bitte um Prüfung der Frage einer Hausmiliz, die selbstverständlich auf freiwilliger Basis gedacht war. Durch offenbare Indiskretionen alarmiert, beeilte sich die ÖTV-Betriebsgruppe im Juni 1975, ihre Ansicht hierüber an das Schwarze Brett des Bundeskanzleramtes so anzuschlagen und zu verkünden, daß die Erörterung und Darstellung in der Massen- und Tagespresse in einer Form gewährleistet war, daß nunmehr auch der dümmste politische Terrorist mit der Nase auf den Sicherheitskomplex im Bundeskanzleramt gestoßen wurde. Jeder Passant konnte lesen:

GEWERKSCHAFT ÖTV
KREISVERWALTUNG BONN   Bonn, Juni 1975

ÖTV-GEWERKSCHAFTSGRUPPE
BUNDESKANZLERAMT

Liebe Kolleginnen, liebe Kollegen!

Wie wir erfahren, hat der Personalrat des Bundeskanzleramtes auf Initiative seines Vorsitzenden die Amtsleitung aufgefordert, aus den Reihen der Amtsangehörigen eine Miliz aufzustellen und mit Schußwaffen auszurüsten. Mit dieser Maßnahme soll offenbar ein erhöhter Schutz vor Anschlägen geschaffen werden.
Die ÖTV-Gewerkschaftsgruppe distanziert sich von diesem Antrag, weil hier ein erster Schritt in eine Richtung getan werden soll, die wir nicht wollen können. Wir sind der Auffassung:
– Eine Militarisierung der Amtsangehörigen ist unter allen Umständen abzulehnen.
– Die Bewaffnung von Amtsangehörigen würde nicht mehr Sicherheit, sondern erhöhte Gefahren für alle bringen.
– Die für die Sicherheit des Kanzleramtes bereits getroffenen Maßnahmen sind ein Maximum dessen, was zum Schutze des Amtes getan werden kann.

                    Mit freundlichen Grüßen
gez. H. Wambach,
    H. Wießmann,
    Dr. M. Wulf-Mathies   gez. H. Burglin
(ÖTV-Vertrauensleute)   (Gewerkschaftssekretär)

Mit dem Wort »Militarisierung« sollten natürlich Assoziationen zu den Reizworten »Militarismus« und »Militarist« hervorgerufen werden, weil die Verfasser offenbar der Meinung waren, daß die öffentliche Meinung hierüber so verstimmt ist, daß die Verurteilung einer solchen Maßnahme eine ausgemachte Sache ist. Die Formulierung, daß hier »ein Schritt in eine Richtung getan werden soll, die wir nicht wollen können«, deutet an, daß hier starke Kräfte am Werk waren, die der Soziologe Helmut Schelsky in seinem Buch

Entzaubertes Bundeskanzleramt 183

»Die Arbeit tun die anderen« dem Kreis der »Sinn- und Heilsvermittler« der neuen Sozialreligion zuordnet, die einen »Endzustand der Gesellschaft verspricht, in dem Furcht und Leiden, Gewalt und Schicksalsschläge, Erniedrigung und Beleidigung, Armut und Krankheit, Beherrschung und Ausbeutung nicht mehr vorhanden sind oder stattfinden (wobei das Faktum des unvermeidlichen Todes systematisch ausgeblendet wird).« In dieser »vollkommenen Gesellschaft« gibt es natürlich auch keinen Krieg und auch kein »Militär«, so daß man auch keine »Militarisierung« wollen kann. Die bombastische Behauptung der neuen »Heilslehrer«, daß die getroffenen Maßnahmen ein Maximum dessen darstellen würden, was zum Schutze des Amtes getan werden könnte, verrät ebensoviel Dilettantismus wie die Behauptung, daß die Bewaffnung der Amtsangehörigen nicht mehr Sicherheit, sondern erhöhte Gefahren für alle mit sich bringen würde. Letzteres hätte man allenfalls nach Prüfung der vorhandenen Qualität und Quantität der zur Verfügung stehenden Kräfte einschließlich ihrer Organisation und Bewaffnung nach einigen Plan- und Übungsspielen vertreten können.

Auch der Verband der Beamten der obersten Bundesbehörden im Deutschen Beamtenbund (VBOB) – Fachgruppe Bundeskanzleramt – hoffte, mit einem weiteren Anschlag an das Schwarze Brett aus der Angelegenheit Kapital schlagen zu können:

»Aus Presseveröffentlichungen entnehmen wir, daß der Personalrat die Aufstellung einer bewaffneten Miliz aus Angehörigen des Bundeskanzleramtes fordert.
Der Verband der Beamten der obersten Bundesbehörden – Fachgruppe Bundeskanzleramt – lehnt eine solche Maßnahme mit Entschiedenheit ab. Er ist der Auffassung, daß ausschließlich die Amtsleitung für die Sicherheit ihrer Mitarbeiter verantwortlich ist und verantwortlich bleiben muß.
Die Fachgruppe distanziert sich mit Nachdruck von derartigen Aktionen des Personalrates und seines Vorsitzenden.«

In seinem Eifer übersah der Verband nur, daß die Sicherungskräfte für das Bundeskanzleramt der Verantwortung des Bundesministers des Innern unterliegen, der Chef des Bundeskanzleramtes also allenfalls indirekt Einfluß nehmen könnte und kein Mensch die Verantwortlichen aus ihrer Verantwortung entlassen wollte.

Indessen häuften sich in meinem Urlaubsort, dem belgischen Seebad Knokke, die Zeitungsberichte hierüber in der ersten Dekade des Monats Juni 1975. Der Tenor war allgemein etwa der: »Miliz für Bundeskanzleramt vorgeschlagen«, »Beamtenmiliz im Kanzleramt?«, »Gewerkschaft gegen Vorschlag der Personalvertretung«.

Im »Spiegel« Nr. 25 vom 16. Juni 1975 konnte ich bereits in Knokke die Entscheidung des Amtschefs lesen:

»Klaus Seemann, 50, Personalratsvorsitzender im Bundeskanzleramt, fühlte sich so bedroht, daß er in der Personalvertretung vorschlug, besonders zuverlässige Amtsangehörige mit Pistolen auszurüsten. Die Kanzleramts-Miliz solle – falls Terroristen die Bonner Regierungszentrale stürmten – ihre Kollegen vor dem Anschlag schützen. Da der engagierte CDU-Mann den Fähigkeiten der meist jüngeren Bundesgrenzschutzbeamten mißtraut, will er vornehmlich erfahrene Kriegsteilnehmer des Amtes bewaffnen. Der Vorschlag wurde von der Mehrheit des CDU-freundlichen Personalrates angenommen und soll – nach bereits erfolgter mündlicher Ankündigung – schriftlich an die Amtsleitung weitergeleitet werden. Die ÖTV reagierte verärgert auf die 'Militarisierung der Amtsangehörigen': Die Bewaffnung würde nicht mehr Sicherheit, 'sondern erhöhte Gefahren für alle bringen.' Kanzleramtschef Manfred Schüler hatte den Aufrüstungsantrag bis Ende letzter Woche noch nicht erhalten, tat aber seine Meinung schon vorab kund: 'So etwas kommt gar nicht in Frage'.«

Die Angelegenheit war also bereits gestorben, bevor sie in das Stadium ernsthafter Sachdiskussion gelangt war. Dabei bleibt im Interesse der Bediensteten nur zu wünschen und zu hoffen, daß dem Bundeskanzleramt und seinen Angehörigen die Probe auf die Richtigkeit der Ansichten erspart bleiben möge. Doch scheint der Vorfall noch in einer anderen Hinsicht bemerkenswert. Die »Verbandsdemokratie«

hatte mittels der Betriebsgruppen in das Bundeskanzleramt ihren Einzug gehalten, wobei sich die Betriebsgruppen sozusagen als »Ersatzpersonalräte« betätigten. Die eigene Meinung der einzelnen Amtsangehörigen, die im direkten Dialog für jedes Personalratsmitglied wesentlich ist, wird hinter dem anonymen Kollektiv »Betriebsgruppe« verborgen, wo manchmal nicht einmal eine Handvoll Leute einen Beschluß tragen. Die neuen »intermediären Gewalten« der Betriebsgruppen versuchen, sich in den direkten Dialog zwischen Personalrat und Amtsangehörige einzuschieben und als anonyme Meinungsbildner und Meinungsmacher aufzutreten; denn die prunkhaften Titel »Betriebsgruppe« oder »Fachgruppe« verdecken häufig den fehlenden Mut, mit einer eigenen persönlichen Meinung aufzutreten.

Nun ist gegen das Vorhandensein von Betriebsgruppen in den Ämtern nichts zu sagen, wenn sie sich im Rahmen ihrer Verbandstätigkeit halten. Ersatzpersonalräte sind sie nicht und dürfen sie nicht sein, da Mitbestimmung nun einmal auch Mitverantwortung ist. In vorliegendem Falle bedeutete dies für die Fachgruppen:

1. Das Fehlen einer direkten Verantwortlichkeit für praktische Probleme des Bundeskanzleramtes.
2. Das Fehlen von Kenntnissen aus erster Hand, wie es nur die tatsächliche Erfahrung der Praxis zu geben vermag.

Auf der anderen Seite habe ich immer wieder die Beobachtung machen können, daß Fach- und Betriebsgruppen sich wegen der Einfallslosigkeit ihrer Vorstände, ihre Mitglieder angemessen zu beschäftigen, mit Fragen der Personalvertretung befassen und die ihnen zugehörigen Personalratsmitglieder am liebsten am Gängelband eines imperativen Mandates führen möchten. Verdankt nun das einzelne Personalratsmitglied seine Wahl dem Vorschlag einer Betriebsgruppe, sei es nun ÖTV oder Beamtenbund etc., so wird die Tendenz zum imperativen Mandat noch verstärkt, zumal in großen Behörden mit »freien Listen« und Persönlichkeitswahl kaum große Erfolge zu erzielen sind. Das neue Bundespersonalvertretungsgesetz, das den Gewerkschaften einen weitaus größeren Einfluß einräumt als ihnen vorher zukam, hat den Rollenkonflikt der Personalratsmitglieder und damit die Fragestellung des imperativen Mandates geradezu vorprogrammiert.

Sodann aber bedeutet das Vorhandensein von Betriebsgruppen dieser Art, welche die zu ihnen gehörenden Personalratsmitglieder maximieren möchten, den permanenten Wahlkampf in den Behörden um die Gunst der Bediensteten, einen permanenten Wahlkampf, der nach den jüngsten Entwicklungen, die ich beobachtet habe, nahezu an politische Wahlen erinnert.

Inwieweit der Mitbestimmungsgedanke eine solche Belastung verträgt, ohne ernsthaften Schaden zu nehmen, bleibt abzuwarten; insbesondere dann, wenn Betriebsgruppen und Personalräte zum Tummelplatz von »Sinn- und Heilsvermittlern« der neuen Sozialreligion werden, welche diese Institutionen zum Podium ihrer »Heilsverheißung« machen.

Vierter Teil

Mitbestimmung als Problem behördeninterner Machtverteilung

1. Strategie und Taktik christlich-demokratischer Amtsleitungen

In seinem geistreichen Buch vom Frühjahr 1968 »Management und Machiavelli« behauptet der Verfasser Antony Jay, daß jedes Geschäftsunternehmen eine politische Organisation sei und daß daher Machiavellis Regeln für Prinzen und Herrscher vollinhaltlich auf das Verhalten von Führungskräften zu übertragen seien. Hierzu bemerkt der amerikanische Managementexperte Peter F. Drucker, daß diese Erkenntnis nicht neu sei: »Die Damen der besseren Stände ... sind sich wahrscheinlich der Tatsache völlig bewußt, daß der Bridge Klub und das Kränzchen in bezug auf Intrigieren von den Großunternehmen oder auch von Machiavelli nichts zu lernen brauchen. Daß, anders ausgedrückt, in jeder Organisation Macht organisiert werden muß und daß man daher politisiert, ist weder neu noch besonders überraschend.«

Dies gilt natürlich auch für all die Jahre, die ich im Bundeskanzleramt als Personalratsvorsitzender tätig war. Wie in allen Behörden der Bundesrepublik war für die Organisationsstruktur des Amtes die Befehlskette des Liniensystems charakteristisch. Für diese Organisationsform ist typisch, daß sie die Macht in den Händen weniger konzentriert und den am anderen Ende der Kette befindlichen Arbeitnehmer ziemlich stark den Launen seines Vorgesetzten oder gar des Systems aussetzt. Die Leute wurden mehr oder weniger als Schachfiguren betrachtet, die man beliebig hin und her schieben konnte. Je bedeutungsloser die hierarchische Stufe, desto größer die Mobilität beim Hin- und Herschieben, desto geringer die Rücksichtnahme. Der Vorgesetzte, ob Referent oder Abteilungsleiter, traf fast alle bei der Arbeit anfallenden Entscheidungen, wenn es ihm beliebte, während seine Untergebenen jeweils nur seine ausführenden Organe waren. Die Referatsverfassung der Obersten Bundesbehörden gab fast bis an das Ende der 60er Jahre Hilfsreferenten und Sachbearbeiter voll und ganz in die Hände des Referenten, der seine Mitarbeiter wie Zitronen auspressen und dann je nach Geschmack mit vollendeter Grazie oder vollendeter Rohheit wegwerfen konnte. Es war unter keiner Regierung eine Seltenheit, daß Abteilungsleiter in Kabinettsvermerken ihrer Referenten einige geringfügige stilistische Änderungen vornahmen, um dann auf der neu geschriebenen Vorlage ihren Namen statt den des Referenten der Leitung des Amtes zu präsentieren. Ein solches Verhalten ist sicherlich nicht für die Mitarbeiter stimulierend und leistungsfördernd, da es die Bedürfnisse des Personals nicht befriedigt. Doch solange das Bundeskanzleramt nach dem Konzept »Generalsekretariat« lebte, konnten sich »out-put«-Restriktionen von Kopfarbeitern wenig bemerkbar machen, da die Routine überwog. Soweit noch ein patriarchalisch-autoritärer oder dirigistischer Führungsstil herrschte, war er mit einem ausgeprägten Prestigedenken und dem Wunsch nach Beherrschung der Umwelt verbunden, den White als sogenanntes »Kompetenzmotiv« bezeichnet.

Nun hat die amerikanische Motivationstheorie zur Frage des Verhältnisses von Macht und Führungsstil bestimmte Hypothesen entwickelt, die dem idealisierten und stilisierten Leitbild eines Vorgesetzten in einer obersten Bundesbehörde keineswegs entsprechen. So soll jeder Inhaber von

Macht dazu neigen, diese zur Befriedigung seiner persönlichen Motive zu verwenden, und der Besitz von Macht soll das Bedürfnis nach mehr Macht erzeugen (Saul W. Geldermann). Doch obwohl ich ähnliche Beobachtungen gemacht habe, ist eine solche Behauptung über einen Vorgesetzten in unserem bundesrepublikanischen öffentlichen Dienst ein Dienstvergehen, das disziplinarrechtlich zu ahnden ist. Da nach der offiziellen Lehrmeinung jeder Vorgesetzte ein »Tugendspiegel« ist, nimmt es auch nicht wunder, daß die Problematik des Verhältnisses von Führungsmacht und Personalvertretungsmacht den Vätern des Bundespersonalvertretungsgesetzes unbekannt geblieben ist. Dies ist um so überraschender, weil sonst allenthalben von gegengewichtiger Macht (countervailing power) gesprochen wird. Nun hat der Amerikaner Chris Argyris von der Yale-Universität festgestellt, daß kein wie auch immer geartetes System der Machtverteilung innerhalb einer Organisation allen unterschiedlichen Situationen optimal angepaßt werden kann, in die eine Organisation hineingeraten kann. Ich habe während meiner Amtszeit als Personalratsvorsitzender in bezug auf die Frage Machtverteilung und Personalrat ähnliche Beobachtungen gemacht; denn mit jeder Amtsleitung begann eine neue Kraftprobe, mit jeder Amtsleitung begann der Kampf um die Machtverteilung neu. Dabei wurde vielfach die individuelle Einstellung des einzelnen gegenüber dem Personalrat geprägt durch seine Stellung in der Machthierarchie. Brachte ein aktiver Personalrat ihm einen Machtzuwachs oder schwächte er seinen Rivalen oder Gegner, so war er dem Personalrat günstig gesonnen, ungünstig, wenn seine eigene Position in Gefahr geriet.

Da der Personalrat des Bundeskanzleramtes um die Wende des Jahres 1965/66 sich ein würdiges und befriedigendes Arbeitsleben der Bediensteten anders vorstellte als die Amtsleitung, kam es zu Spannungen und zum offenen Konflikt, als der Personalrat seinen ihm gesetzlich zustehenden

Anteil an der Behördenmacht forderte. Die Bestrebungen der beamteten Amtsleitung erhielten noch dadurch Auftrieb, daß der Personalrat gleich zu Beginn seiner Amtsperiode die Einstellung eines Neffen des Bundeskanzlers in das Amt ablehnen mußte, da dieser zwar sein Universitätsstudium erfolgreich abgeschlossen hatte, aber nicht die sonst bei Wirtschaftswissenschaftlern geforderte dreijährige Praxis aufwies, demnach der Gleichheitsgrundsatz verletzt war.

Die Angriffsrichtung der Amtsleitungen ist seit diesem Zeitpunkt immer die gleiche geblieben. Zuerst wird der Personalratsvorsitzende anvisiert, da man glaubt, daß der restliche Personalrat kuschen und sich unterwerfen wird, wenn erst einmal der Kopf der »Verschwörung« abgeschlagen ist. Das Verfahren des Angriffs entspricht den Methoden, mit denen üblicherweise Beamte gefügig gemacht werden. Frustration und Kaltstellung durch »Austrocknung« des Referates, Versagung und Übergehen bei Beförderungen, schlechte Beurteilungen, Disziplinarverfahren bei jedem harten Wort der Kritik und Diffamierungskampagnen, die den Betroffenen zu einem psychopathisch veranlagten Querulanten abstempeln sollen. Im Laufe der ersten Jahre meiner Personalratstätigkeit sind alle diese Methoden zum Teil nacheinander und zum Teil in Verbindung miteinander an mir ausprobiert worden, wobei ich mich heute noch mit Dankbarkeit daran erinnere, daß mir während dieser schweren Zeit alle meine Personalratskollegen die Treue gehalten haben und mit mir durch dick und dünn gegangen sind, obwohl sie ja beförderungsmäßig, also in ihrem Weiterkommen von der Amtsleitung abhängig waren und blieben. Dieser Mut erscheint mir um so bemerkenswerter, weil ich bereits vor meinem Eintritt in das Bundeskanzleramt im Jahre 1962 mit 37 Jahren der damals jüngste Ministerialrat in der Bundesrepublik geworden war, während die anderen Kollegen teilweise noch am Beginn ihrer Laufbahn standen und somit die Abhängigkeit von der Amtsleitung noch stärker empfanden. Die Rechtsstreitigkeiten zwischen Amtsleitung und Personalrat umfaßten schließlich sechs Verfahren, von denen zwei gewonnen, zwei verloren und zwei verglichen wurden. Sie dauerten rund vier Jahre. Am Ende dieser Zeit hatte der Personalrat, der ja machtmäßig immer in einer unterlegenen und schwächeren Position ist, wie Friedrich der Große nach dem Siebenjährigen Krieg, seine Position behauptet und sich als Instrument der Belegschaft etabliert.

Es gab zwar damals in § 59 Personalvertretungsgesetz (jetzt § 8 Bundespersonalvertretungsgesetz) eine Schutzvorschrift zu Gunsten von Personalratsmitgliedern, daß nämlich Personalratsmitglieder in der Ausübung ihrer Befugnisse nicht behindert und wegen ihrer Tätigkeit nicht benachteiligt oder begünstigt werden dürfen. Doch hat sich diese Vorschrift als wenig wirksam erwiesen, weil auch die dümmste Amtsleitung nicht erklären wird, sie greife ein Personalratsmitglied wegen seiner Tätigkeit im Personalrat an.

2. Strategie und Taktik sozialdemokratischer Amtsleitungen

Mit der sozial-liberalen Koalition, welche ja die erweiterte Mitbestimmung auf ihre Fahne geschrieben hatte, ändert sich das Bild. Nach den offiziellen Verlautbarungen mußte die Personalvertretung von der Amtsleitung wenigstens zum Schein ernst genommen und ein offener Krieg vermieden werden. Auf der anderen Seite hatte der Personalrat des Bundeskanzleramtes seit 1969 seine für die Amtsleitung wenig schmeichelhaften Berichte an die Personalversammlung ebenso an alle Amtsangehörigen verteilt wie zahlreiche Rundschreiben des Personalrates und den offenen Briefwechsel betreffend integrierte Abteilungsstruktur mit dem Amtschef. In allen diesen Stellungnahmen übte der Personalrat harte Kritik an den Maßnahmen der Amtsleitung. Da unsere Verlautbarungen in der Tagespresse häufig zitiert und noch häufiger mit für Ehmke wenig schmeichelhaften Kommentaren versehen wurden, stieg der Dampf in den Kesseln der Amtsleitung. Die Entladung kam, als der Personalrat seinen offenen Briefwechsel wegen der integrierten Abteilungsstruktur mit Ehmke im Frühjahr 1971 führte. Es war früher oder später zu erwarten gewesen, daß sich die »Hauspostille« Ehmkes, das Nachrichtenmagazin »Der Spiegel« einschalten würde, da Ehmkes Äußerungen über das Amt im »Spiegel« wiederholt wiedergegeben wurden, wenn er der Öffentlichkeit über das Amt etwas mitteilen wollte.

So hatte das Nachrichtenmagazin »Der Spiegel« um die Jahreswende 1969/70 zahlreiche Äußerungen Ehmkes über das Kanzleramt abgedruckt, die offensichtlich seine personalpolitischen Methoden vorbereiten oder rechtfertigen sollten. Mit Recht hatten diese Artikel in der gesamten Belegschaft wegen ihres herabsetzenden Gehaltes beträchtliche Unruhe ausgelöst. In diesen Artikeln war u.a. erwähnt worden, daß CDU-geschwängerte Sekretärinnen gefeuert werden müßten, der Minister mit der Maschinenpistole durch das Palais laufe, um die CDU-Beamten zu erschießen, daß das Bundeskanzleramt nach der Meinung des Amtschefs ein Friedhof und Museum sei, in dem die Masse der Beamten nichts getan hätte. Daß das Bundeskanzleramt mehr einem Club für Freizeitgestaltung als einer Behörde gleiche, die CDU froh sein sollte, daß ihre Leute gefeuert würden, damit sie hinterher im Falle eines Regierungsantritts die sozialdemokratischen (unsere) Beamten feuern könne. Bundesminister Prof. Dr. Ehmke hat dem Personalrat gegenüber erklärt, daß er diese Äußerungen nicht getan habe, fügte aber zugleich höhnisch die Frage hinzu, ob die Angehörigen des Bundeskanzleramtes so schlechte Nerven hätten. Nun hatte am 15. März 1971 der Personalrat in einem 10 Seiten langen und an alle Amtsangehörigen verteilten offenen Brief Kritik an den Reorganisationsbemühungen Ehmkes geübt und ausgeführt:

»Das vom 'Quickborner Team' für die integrierte Abteilungsstruktur angebotene Planungsverfahren wird den an eine politische Planung eines Industriestaates, der 'innere Reformen' betreiben will, billigerweise zu stellenden qualitativen Anforderungen nicht gerecht. Die Gesellschaft eines solchen Industriestaates wird durch einen intensiven Wandel gekennzeichnet, da der Industrialisierungsprozeß unter Zerfall der Strukturelemente des vorindustriellen Wirtschafts- und Sozialsystems zu einem industriellen Wirtschafts- und Sozialsystem mit industriellen Lebensverhältnissen führt. Nicht zuletzt durch das Eindringen rationaler Denk- und Verhaltensweisen in alle Lebensbereiche kommt es zur Ausbildung neuer Strukturen, von denen niemand weiß, ob es sich nur um Übergangserscheinungen oder um ein dauerhaftes Ergebnis handelt. Ständige Reformvorhaben und Reformbestrebungen mit ihrer Suche nach neuen Strukturen zeigen, daß wir uns unter soziologischen Aspekten in der Entstehungsphase eines neuen Wirtschafts- und Sozialsystems zu befinden scheinen, in der in den verschiedenen sozialen Bereichen noch um den Aufbau neuer dauerhafter Ordnungen gerungen wird. Die Chancen zu einer bewußten Gestaltung der Gesellschaft in der Zukunft, das Anliegen jeder Planung, liegen in einer Zeit des Wandels immer dort, wo es darum geht, bestimmte Bereiche neu zu ordnen, da es im allgemeinen nicht nur um eine Ordnungsmöglichkeit, sondern um mehrere Ordnungsalternativen geht. Es gibt demnach auch für die Gestaltungsziele der »inneren Reformen« nicht nur ein für alle schlechthin und überall verbindliches Konzept, das es nur zu erkennen gilt, um hierauf eine Planungskonzeption aufzubauen. Wie aus der jungen wissenschaftlichen Disziplin der »Entwicklungsplanung und Programmierung« bekannt ist, beruht jede Entwicklungsplanung auf bestimmten allgemeinen Vorstellungen über die zukünftige Entwicklung, auf Leitbildern, die man unter dem Begriff »Entwicklungsstrategien« zusammenzufassen pflegt. Dazu gehören insbesondere ordnungspolitisch bezogene Leitbilder (Fragen der zu wählenden Ordnungsform sowie Vorstellungen über den Interventionsgrad der öffentlichen Hand). Obwohl solche gesellschafts- und ordnungspolitischen Vorstellungen nicht immer in den

Planungen explizit erwähnt werden, sind sie dennoch vorhanden und bestimmen in entscheidendem Maße die Grenzen jeder Entwicklungsplanung. Aufgrund der Entwicklungsstrategien oder Leitbilder erfolgt dann die Wahl allgemeiner Zielsetzungen, die als Basis für die darauf folgende Operationalisierungs- und Programmierungsphase dienen. Damit dürfte wohl jede These von dem einzig möglichen Weg für »innere Reformen« widerlegt sein. Eine Planungskonzeption, die von dem Gedanken des einzig möglichen Weges für »innere Reformen« ausginge, hätte ihren Ursprung in der Idee eines zunächst göttlichen und dann profanen Heilsplanes. Sie wäre ihrem Wesen nach nichts anderes als die Säkularisierung eines eschatologischen Vorbildes, die Umkehr eines göttlichen Heilsplans in positive Planung. In einer Planungskonzeption, die nicht an dem Gedanken eines göttlichen Heilsplans orientiert ist, müssen Pläne entworfen und durchgesetzt werden. Hierzu bedarf es eines der gesellschaftlichen Situation entsprechenden Planungssystems, mit dem die Richtung der gesellschaftlichen Wandlungen erkannt werden und ein gezielter Eingriff unter möglichst optimalem Einsatz der Ressourcen ermöglicht wird. Die Entscheidungen in der politischen Planung sollten daher als Ergebnis einer systematischen Analyse unter Einbeziehung der verfügbaren Ressourcen fallen und nicht eines Brain-Storming-Verfahrens, das den Gegensatz zu den systematisch-analytischen Verfahren bildet. Eine Ressourcenplanung erscheint dem Personalrat mittels des Brain-Storming-Verfahrens überhaupt nicht möglich. Hinzu kommt, daß die Interdependenz politischer Entscheidungen immer mehr bewirkt, daß auch sozialtechnisch lösbare Einzelprobleme nur im Zusammenhang mit ihren Auswirkungen und in ihrer Einordnung in ein politisches Konzept rational gelöst werden können. Gerade hierzu ist das von dem »Quickborner Team« empfohlene Brain-Storming-Verfahren nicht in der Lage. Vielmehr vermag es fast nur punktuell zu wirken. Aber auch dann, wenn die Planungskonzeption der »inneren Reformen« an den Gedanken eines göttlichen Heilsplanes orientiert wäre, wären die dann entstehenden Erkenntnisprobleme ebenfalls nicht mit dem Brain-Storming-Verfahren des »Quickborner Teams« zu lösen, es sei denn, die Arbeitsgruppen der integrierten Abteilungen bestünden aus lauter Propheten.
Der Personalrat kommt daher zu dem Ergebnis, daß das »Quickborner Modell« der integrierten Abteilungsstruktur für die Planungskapazität des Bundeskanzleramtes bedeutungslos und qualitativ unzureichend ist. Damit verliert aber das ganze Modell seinen Sinngehalt.«

In den darauffolgenden Wochen fanden gerade diese Passa-

Entzaubertes Bundeskanzleramt

gen aus dem Schreiben des Personalrates ein lebhaftes Echo in der Tagespresse, das für Ehmke wenig erfreulich war.

Am Dienstag, den 13. April 1971, rief Herr Dirk Koch (ehemals Stuttgarter Nachrichten) vom Nachrichtenmagazin »Der Spiegel« bei mir im Bundeskanzleramt an und fragte, ob es zutreffend sei, daß ich in der vergangenen Woche in die CDU aufgenommen worden sei. Als ich erklärte, daß dies schon lange her und mein Beitritt voriges Jahr erfolgt sei, meinte Herr Koch, daß dies für ihn nur von Interesse gewesen wäre, wenn sich die Aufnahme in der vorigen Woche (Karwoche) zugetragen hätte. Damit war das Gespräch beendet.

Am Mittwoch, den 14. April 1971, rief Herr Koch, kurz nachdem das Antwortschreiben des Personalrates auf das Schreiben des Chefs des Bundeskanzleramtes vom 29. März 1971 im Bundeskanzleramt an alle Amtsangehörigen verteilt war, erneut bei mir an und bat um einen Termin für ein Gespräch am gleichen Tage spätnachmittags. Den Wunsch nach einem Gespräch begründete Herr Koch damit, daß der Personalrat des Bundeskanzleramtes in letzter Zeit viel von sich reden gemacht habe und vieles über die Arbeit des Personalrates bekannt geworden sei, was eine Behandlung in der Publizistik rechtfertige. Um die notwendigen Rückfragen und Vorbereitungen treffen zu können, beschied ich Herrn Koch dahin, daß er sich am folgenden Tage um 10.00 Uhr bei mir einfinden möge. Dieser Termin wäre immer noch passend, da ja das Nachrichtenmagazin »Der Spiegel« erst am Donnerstag Redaktionsschluß habe.

In der Zwischenzeit rief ich einen mir befreundeten Journalisten, der früher in der Spiegelredaktion gearbeitet hatte, an und fragte ihn, was er von dieser Geschichte halte. Er antwortete mir sinngemäß: »Was die Jungs mit Ihnen vorhaben, weiß ich nicht. Gehen Sie aber davon aus, daß Dirk Koch vor dem Interview bei Ehmke gewesen und dort instruiert worden ist. Er wird, wie ich die Dinge kenne, unmittelbar nach dem Interview zu Ehmke zurückkehren und ihm Bericht erstatten. Vermutlich hat er den Auftrag, Sie und den Personalrat von hintenrum aufzurollen und damit das zu erreichen, was Ehmke von vorn nicht geschafft hat, nämlich den Personalrat auszuschalten.« Ich war also gewarnt. Die Gefahr für mich lag im wesentlichen in einem Vier-Augen-Gespräch mit Herrn Koch begründet und zwar darin, daß Koch dann behaupten konnte, ich hätte ihm diese oder jene Personalie mitgeteilt, die der gesetzlichen Schweigepflicht unterliegt, während der richtige Informant Ehmke gewesen wäre. Ich brauchte also weitere Informationen und Zeugen.

In einem anschließenden fernmündlichen Gespräch mit Regierungsdirektor Winkel, dem Leiter der Verbindungsstelle zur Presse im Bundeskanzleramt, unterrichtete ich den zuständigen Referenten des Bundeskanzleramtes von dem Inhalt des Gespräches und dem Wunsch des Spiegelredakteurs. Dabei stellte es sich heraus, daß Herr Koch offiziell bei Regierungsdirektor Winkel um ein Gespräch (Interview) mit dem Personalrat des Bundeskanzleramtes nachgesucht und die Erlaubnis hierzu erhalten hatte. Auf meine Frage, was denn Herr Koch vom Personalrat des Bundeskanzleramtes wolle, was das Ziel des Interviews sei, und worauf man sich einstellen sollte, erklärte Herr Winkel, daß ihm das unbekannt sei. Der »offene Briefwechsel« zwischen dem Chef des Bundeskanzleramtes und dem Personalrat sei ja »pressemäßig gelaufen«. Als ich Regierungsdirektor Winkel bat, als Zeuge bei dem Gespräch mitzuwirken, erklärte Herr Winkel, daß er dies nicht wolle und könne. Seine Mitwirkung als Zeuge würde nur den Eindruck erwecken, als ob die Amtsleitung den Personalrat bevormunden wolle. Ein solcher Eindruck müsse vermieden werden. Spiegelredakteure würden auch sonst mit Kenntnis und Zustimmung der Amtsleitung ohne sein Beisein mit einzelnen Abteilungsleitern des Bundeskanzleramtes Gespräche führen. Wenn der

Personalratsvorsitzende auf Zeugen Wert lege, so solle er Mitglieder des Personalrates hinzuziehen. Daraufhin zog ich sämtliche Vertreter der Beamtengruppe im Personalrat, nämlich die Herren Regierungsdirektor Dolezik, Oberamtsrat Radke und Regierungshauptsekretär Sülzer zur Besprechung hinzu. Ein für die Unterredung bestelltes Tonbandgerät traf zu spät ein, um noch verwendet werden zu können. Wir fertigten daher über dieses Interview einen Vermerk, der von allen anwesenden Personalratsmitgliedern unterschrieben wurde und den ich als seltenes Dokument der »Spiegeltaktik« im Wortlaut wiedergebe:

Das »Spiegelgespräch«

des Personalrates mit dem Redakteur Dirk Koch vom Nachrichtenmagazin »Der Spiegel« am Donnerstag, den 15. April 1971

1. Zu Beginn der Besprechung begrüßte der Personalratsvorsitzende, Ministerialrat Dr. Seemann, Herrn Koch mit dem Hinweis, daß ihm Herr Regierungsdirektor Winkel, bei dem Koch um ein Gespräch mit dem Personalrat nachgesucht habe, mitgeteilt habe, daß er sich über die Arbeit des Personalrates im Bundeskanzleramt unterrichten wolle. Er, Seemann, habe daher auch andere Personalratsmitglieder zu diesem Gespräch gebeten. Das Gespräch könne so ablaufen, daß Herr Koch zunächst seine Fragen an den Vorsitzenden des Personalrates stelle, dann werde der Vorsitzende versuchen, seine Fragen zu beantworten. Wenn einer der anderen anwesenden Herren noch ergänzende Bemerkungen machen wolle oder anderer Meinung sei, so könne er sich dann in das Gespräch einschalten.

Herr Koch erklärte, daß er davon ausgegangen sei, daß es sich um ein Gespräch unter 4 Augen handeln werde. Daran sei wohl jetzt nichts mehr zu ändern. Als dies verneint wurde, erkundigte sich Herr Koch nach einem Hinweis, daß die Personalvertretung des Bundeskanzleramtes in letzter Zeit viel von sich reden gemacht habe, nach der Zahl der Mitglieder des Personalrates und deren Zusammensetzung. Nachdem Herr Koch erfahren hatte, daß der Personalrat aus 7 Personen, nämlich 4 Beamten, 2 Angestellten und 1 Arbeiter bestehe, erkundigte er sich danach, seit wann der Vorsitzende des Personalrats amtiere. Er wurde daraufhin informiert, daß dies seit Ende 1965 der Fall sei.

2. Anschließend erklärte Herr Koch, der »Spiegel« habe vor kurzer Zeit einen Artikel über die CDU-Vertrauensleute vom CDU-Bundestagsabgeordneten Windelen und die CDU-Arbeitskreise in den einzelnen Bundesministerien gebracht. Im Kanzleramt habe »Der Spiegel« weder über CDU-Vertrauensleute noch über Arbeitskreise der CDU etwas in Erfahrung bringen können. Es habe geheißen, alle CDU-Leute seien den Säuberungsaktionen von Minister Ehmke zum Opfer gefallen. Dann habe ihm kürzlich jemand gesagt, daß dies nicht richtig sei, denn Herr Seemann sei in die CDU eingetreten.

Der Vorsitzende des Personalrates erklärte daraufhin, daß er vermutlich nicht das einzige CDU-Mitglied im Kanzleramt sei; im übrigen müsse er sich auch über die Fragestellung wundern, er, der Vorsitzende, sei seit 1953 Mitglied der CSU, dies sei ja auch dem »Spiegel« nichts Neues; denn in allen Artikeln, die der »Spiegel« bisher über ihn gebracht habe, sei seine CSU-Mitgliedschaft erwähnt worden.*)

---

*) Durch die Auflösung des Ortsverbandes Bonn der CSU Ende der 60er Jahre erlosch meine Mitgliedschaft.

Herr Koch wollte anschließend wissen, ob und welchen politischen Parteien die anderen Mitglieder des Personalrates angehörten.
Der Vorsitzende wies diese Frage als unzulässig zurück. Dies ginge Herrn Koch nichts an. Die Amtsangehörigen des Hauses hätten wohl keinen Grund, ihre Parteizugehörigkeit, so eine bestünde, geheim zu halten. Auf der anderen Seite liefen sie nicht mit Plakaten auf Brust und Rücken herum, wo vorn das Eintrittsdatum und hinten die politische Partei stünde, der sie angehörten. Nach Artikel 3 Grundgesetz und § 56 Personalvertretungsgesetz spiele die Parteizugehörigkeit nicht die geringste Rolle. Der Personalrat des Bundeskanzleramtes ließe sich bei seiner Tätigkeit allein von den Interessen des Amtes und seiner Angehörigen leiten und sonst von nichts. Viel wichtiger für die Arbeit des Personalrates und bedeutsamer sei die Zugehörigkeit der Personalratsmitglieder zu Gewerkschaften, da der Personalrat gemäß § 35 PVG Beauftragte der unter den Mitgliedern des Personalrats vertretenen Gewerkschaften zu seinen Sitzungen zuziehen könne. Das sei in der Vergangenheit geschehen und werde auch in naher Zukunft der Fall sein. Die Mehrheit der Personalratsmitglieder, nämlich vier, gehören wie der Vorsitzende der Gewerkschaft ÖTV an. Im übrigen sei die Mitgliedschaft des Vorsitzenden in der ÖTV durch seine zahlreichen Seminare über Automation, die er zusammen mit der ÖTV und den Herstellerfirmen Siemens und IBM veranstaltet habe, in Bonn und darüber hinaus hinreichend bekannt.
Auf die Frage von Herrn Koch, welche einzelnen Personalratsmitglieder der ÖTV angehörten, erklärte der Vorsitzende, daß ihn dies nichts anginge, es genüge zu wissen, daß er, Seemann, der Vertrauensmann der ÖTV sei. Herr Koch meinte daraufhin, daß der Vorsitzende des Personalrates für politische Beamte eingetreten sei.

Der Vorsitzende des Personalrates verwies darauf, daß der Personalrat seine Meinung zur Frage der politischen Beamten in seinem an die Amtsangehörigen verteilten »Bericht an die Personalversammlung vom 4.2.1970« abgehandelt habe. In der Personalversammlung vom 21. Oktober 1970, die auf Tonband aufgezeichnet sei, habe der Chef des Bundeskanzleramtes, Bundesminister Ehmke, erklärt, daß er nichts dagegen habe, wenn die Stellungnahmen und Papiere des Personalrates in die Presse gelangen würden. Der Personalrat habe auch nichts dagegen. Infolgedessen solle er, Koch, sich die Papiere des Personalrats, soweit er sie noch nicht hätte, von der Pressestelle von Herrn Regierungsdirektor Winkel geben lassen. Im übrigen müsse der Bericht des Personalrats vom 4.2.1970 nach dem Inhalt früherer Spiegelveröffentlichungen auch der Redaktion des »Spiegels« vorliegen. Da die Meinung des Personalrats in diesen Papieren fixiert sei, hieße es leeres Stroh dreschen, den Inhalt hier noch einmal zu wiederholen. Dies müsse als bekannt vorausgesetzt werden.

Auf die Frage von Herrn Koch, ob er die Papiere nicht vom Personalrat erhalten könne, wurde Herr Koch vom Vorsitzenden dahingehend informiert, daß der Personalrat seine Papiere an alle Amtsangehörigen verteile, die soviel nachfordern können, wie sie wollten. An Amtsexterne gäbe er grundsätzlich keine Papiere ab. Herr Koch solle sich daher an Herrn Winkel wenden. Als »Regierungsblatt« werde es ihm sicher nicht schwer fallen, die Papiere zu erhalten. Herr Koch meinte dann, daß es doch in den Ressorts Arbeitskreise gebe, wo Mitglieder der CDU neben dienstlichen Obliegenheiten noch weitere Aktivitäten entfalten.

Der Vorsitzende des Personalrats erklärte hierzu, daß das Bundeskanzleramt kein Ressort sei, hier würden keine Aufgaben substantiell bearbeitet. Für eine ausreichende

Information würden wohl schon die zahlreichen von Computern ausgedruckten Listen sorgen, welche die Planungsabteilung des Bundeskanzleramtes in allen Ressorts herumschickte. Nach Kenntnis des Personalrats gebe es keine Arbeitskreise der CDU im Kanzleramt. Der Personalrat wüßte auch nicht, was das sollte. Der Personalrat habe davon gehört, daß Herr Kollege Guillaume für die SPD einen solchen Arbeitskreis aufziehen wollte, er wüßte aber nicht, wie weit er gekommen wäre. Es interessiere ihn auch nicht weiter. Was nun die sonstigen außerdienstlichen Aktivitäten des Vorsitzenden anbelange, so gelten diese ausschließlich der ÖTV. Die von der ÖTV mit IBM und Siemens veranstalteten Seminare, durch die Hunderte von Beamten aus Bonn und Umgebung gegangen seien, wären hinreichend bekannt. Schließlich sei ja auch aus dem Arbeitskreis für Verwaltungsreform und Verwaltungsforschung in der ÖTV, dessen Vorsitzender er, Seemann, gewesen sei, etwas geworden, nämlich der »Verein für Verwaltungsreform und Verwaltungsforschung e.V.«, dessen Vorsitzender Herr Staatssekretär Prof. Schäfer, der Vorsitzende des Innenausschusses des Deutschen Bundestages, sei, dessen Vorstand auch der Vorsitzende des Personalrats, Dr. Seemann, angehöre. Wenn Herr Koch näheres darüber wissen wolle, so möge er sich bitte an Herrn Staatssekretär Prof. Schäfer wenden.

3. Herr Koch meinte dann, daß der Personalrat des Bundeskanzleramtes in der Vergangenheit Prozesse geführt habe. Der CSU-Abgeordnete Wagner habe diesbezüglich eine Anfrage im Bundestag eingebracht. Ob der Personalrat nichts davon gehört hätte?

Der Vorsitzende des Personalrats erklärte, daß der Personalrat wohl eine Bemerkung hierüber gehört habe. Im übrigen seien diese Dinge heute längst überholt. Niemand habe mehr hieran ein Interesse. Heute könne man allen-

falls diese Dinge noch historisch vom Standpunkt der Organisationssoziologie unter dem Gesichtspunkt des oder der »informellen Führer« im Kampf um die Durchsetzung der Mitbestimmung sehen. Bekanntlich stellten sich in jeder Organisation, die kritische Phasen durchlaufe, ein oder mehrere »informelle Führer« ein, welche die Interessen der Organisation gegenüber der »offiziellen Hierarchie« wahrnehmen und um die Herrschaftsstruktur kämpfen. Die heutige Meinung in der Wissenschaft gehe dahin, daß es kaum einen Zweck habe, den oder die informellen Führer zu beseitigen, da sich bei einer entsprechenden Krise immer wieder neue finden würden. In der Ära von Minister Westrick, in der bekanntlich der Verfall des Bundeskanzleramtes begonnen habe, der erst durch Staatssekretär Prof. Carstens zum Stillstand gekommen sei, sei die Situation des Bundeskanzleramtes äußerst kritisch gewesen. Erst unter Staatssekretär Prof. Carstens sei eine gegenläufige Entwicklung in Gang gekommen.
Herr Koch fragte dann, wieviele Verfahren es insgesamt gewesen seien und welche Ergebnisse sie gehabt hätten. Der Vorsitzende des Personalrats teilte ihm mit, daß insgesamt sechs Verfahren durchgeführt worden seien, von denen zwei gewonnen, zwei verloren und zwei verglichen worden seien.
Auf die Frage von Herrn Koch, worum es in diesen Verfahren gegangen sei, erklärte der Vorsitzende des Personalrats, daß der Personalrat informell bei der Amtsleitung das Angebot gemacht habe, die Prozeßakten an ein Nachrichtenmagazin zugunsten des Sozialwerkes im Bundeskanzleramt zu verkaufen. Die Amtsleitung hätte abgelehnt. Soweit die Verfahren nicht bereits im »Spiegel« abgehandelt worden seien, könnten auch keine Auskünfte erteilt werden, da es sich um keine öffentlichen Verhandlungen gehandelt habe. Der Personalrat müsse

daher bedauern, hierzu nichts weiter sagen zu können.
Herr Koch fragte dann, wie es denn mit Personalrat und Mitbestimmung im Bundeskanzleramt bei den einzelnen früheren Amtsleitungen gestanden habe.
Der Personalratsvorsitzende erklärte hierzu, daß der Personalrat erstmals unter Staatssekretär Prof. Carstens als Institution ernst genommen worden sei. Die Ära von Staatssekretär Knieper sei zu kurz gewesen, um etwas Abschließendes zu sagen, während in der Zeit von Bundesminister Westrick der Personalrat als lästiger Fremdkörper und jede Art von Mitbestimmung als unpassend empfunden worden sei.
Herr Koch stellte anschließend die Frage, wie sich das Verhältnis von Amtsleitung und Personalrat jetzt darstelle.
Der Vorsitzende des Personalrats äußerte sich dazu: »Man bemüht sich.« Dann legte der Vorsitzende des Personalrats im einzelnen dar, daß nach dem Regierungswechsel viele neuartige Probleme auf den Personalrat zugekommen seien. Insbesondere durch die Reorganisation und beginnende Automation des Amtes einschließlich Neubau seien die Probleme vielschichtiger geworden und der Personalrat mit Fragestellungen konfrontiert worden, die es früher nicht gegeben habe. Wegen der Kompliziertheit der Probleme könnten weder der Chef des Amtes noch der Personalrat die Probleme ohne fachliche Beratung und die Zuziehung von Experten lösen und Entscheidungen treffen. Auch seien neuartige Organisationsformen im Rahmen der Mitbestimmung noch nicht erprobt. Derzeit mache wegen der vielen Neuerungen der Arbeitsanfall für den Personalrat bei 350 – 400 Mann mehr Arbeit aus, als bei 1 000 Personen, wenn nur ein normaler Geschäftsgang vorhanden sei. Hinzu komme, daß nach der Regierungserklärung die Personalräte auch in solchen Fragen gehört werden sollten, die nach gelten-

dem Recht noch nicht zu ihrem Zuständigkeitsbereich gehören. Der Personalrat des Bundeskanzleramtes, der jetzt im Gegensatz zu früher auch über die haushaltsmäßigen Vorstellungen und personellen Umbesetzungen im Haus unterrichtet werde, strebe hierfür eine Regelung an, wie sie Bundesminister Leber für das Bundesverkehrsministerium erlassen habe. Im übrigen müsse nach den bisherigen Erfahrungen bei einer erweiterten Mitbestimmung damit gerechnet werden, daß in der Personalvertretung eine parallele Apparatur zur Verwaltung entstehe, da ja alle Vorgänge in der Personalvertretung gedanklich mit vollzogen werden müßten.

Im Anschluß daran erörterte Herr Koch mit den anwesenden Personalratsmitgliedern Fragen der Freistellung von Personalratsmitgliedern nach § 42 Abs. 3 PVG und der Rolle des Vorsitzenden im Personalrat (Vertretung in der Erklärung und nicht im Willen). Dabei zeigte Herr Koch eine solche Unkenntnis in den elementaren Fragen des Personalvertretungsrechtes, daß der Vorsitzende des Personalrats an Herrn Koch die Frage richtete: »Sie wollen über den Personalrat des Bundeskanzleramtes schreiben, ohne überhaupt das Personalvertretungsrecht zu kennen?«

Herr Koch bemerkte dazu, er sei ja deswegen hier, um sich darüber unterrichten und aufklären zu lassen.

Insgesamt wurde Herr Koch dahingehend unterrichtet, daß es nach Auffassung des Personalrats im Bundeskanzleramt besser sei, mehrere Mitglieder halbtags freizustellen als einzelne ganztägig. Eine solche Regelung habe den Vorteil, daß kein Personalratsmitglied die Fühlung mit den Amtsgeschäften verliere.

4. Herr Koch fragte dann, wie sich der Vorsitzende des Personalrats in seinem Tätigkeitsbereich als »Referent für Jugend, Familie und Gesundheit« fühle. Ob er nicht darüber verärgert sei, daß er nur ein bedeutungsloses Referat

zu verwalten habe und sozusagen kaltgestellt sei und daß seine Beamtenkarriere durch die Entwicklung im Herbst 1969 unterbrochen worden sei.
Der Vorsitzende des Personalrates äußerte sein Befremden über die Behauptung, daß er auf diesem Referat kaltgestellt sei, und wies darauf hin, daß er bei der derzeitigen Belastung 3 – 4 Tage in der Woche durch den Personalrat beansprucht werde. Er könne nur die verbleibende Zeit den Referatsgeschäften widmen.
Herr Koch wies dann darauf hin, daß er gehört habe, daß er bereits bei früheren Amtsleitungen zeitweise vom Aktenumlauf ausgeschlossen worden sei. Der Vorsitzende des Personalrates zeigte ihm hierauf die vierbändige »Denkschrift zur Frage einer Reform der Arbeitsweise des Kabinetts und des Bundeskanzleramtes (Instrumentierung des Bundeskanzleramtes)«. Er informierte Herrn Koch dahingehend, daß er, Seemann, dieses Projekt geleitet habe, bei dem es sich um eine Arbeit auf dem Gebiet der Zweckforschung gehandelt habe, zu der Akten weder gebraucht noch nützlich seien. Herr Koch erklärte, daß er von der Denkschrift gehört habe und wollte wissen, ob der Vorsitzende des Personalrates nicht nach dem Regierungswechsel kaltgestellt worden sei. Dies verneinten die anwesenden Personalratsmitglieder mit dem Hinweis, daß die Arbeit an dem Projekt »Denkschrift« abgeschlossen gewesen sei und der Vorsitzende des Personalrats auf eine neue Verwendung gewartet habe. Auf die Frage von Herrn Koch, wie lange der Vorsitzende des Personalrates in der Planungsabteilung von Prof. Jochimsen tätig gewesen sei, wurde er dahingehend informiert, daß er, Seemann, nach dem Inkrafttreten des neuen Geschäftsverteilungsplanes im Sommer 1970 nur wenige Wochen bei Prof. Jochimsen gewesen war, da die ihm übertragene Aufgabe undurchführbar gewesen war.
Herr Koch wollte nunmehr wissen, was aus den nach

dem Regierungswechsel entpflichteten Beamten im Bundeskanzleramt geworden sei und ob diese Beamten oder der Personalrat wegen dieser Beamten prozessiert habe. Der Vorsitzende des Personalrates bedauerte, keine Auskunft erteilen zu können. Herr Koch müsse diese Beamten schon selber fragen. Der Personalrat könnte und kann nicht für die entpflichteten Beamten klagen. Eine solche Klage würde sofort wegen fehlender Sachlegitimation des Personalrates abgewiesen werden. In diesen Fällen, nämlich der Entpflichtung, müßten die Herren schon selber klagen. Der Personalrat könne nur auf die Rechtslage hinweisen. Der Vorsitzende des Personalrats sei als ehemaliger Landgerichtsrat durchaus in der Lage, im juristischen Einmaleins zwei und zwei zusammenzuzählen.

5. Herr Koch wünschte dann zu wissen, wann es zur Neuwahl des Personalrats komme. Er wurde daraufhin unterrichtet, daß die Amtsperiode drei Jahre dauere; der Vorsitzende amtiere bereits in der zweiten Periode. Die Neuwahl des Personalrates werde turnusmäßig im Dezember 1971 stattfinden. Herr Koch meinte, ob es denn nicht angesichts der Veränderungen im Bundeskanzleramt einen schweren Wahlkampf bei der Personalratswahl geben würde. Im »Spiegel« würden bei Betriebsratswahlen immer harte Wahlkämpfe ausgetragen. Die anwesenden Personalratsmitglieder meinten, daß es Wahlkämpfe in der von Herrn Koch geschilderten Art im Bundeskanzleramt nicht gegeben hat und wohl nicht geben werde.

Anschließend stellte Herr Koch noch einige Fragen zum beruflichen Werdegang des Vorsitzenden des Personalrates. Herr Koch erhielt darüber Auskunft, daß der Vorsitzende des Personalrates am 1. März 1964 in das Bundeskanzleramt eingetreten sei, vorher Behördenchef des Bundesministers für besondere Aufgaben und Vorsitzender des Verteidigungsrates Dr. Krone gewesen sei und seine ministerielle Tätigkeit in Bonn im Bundeswirtschaftsministerium begonnen habe, nachdem er vorher Landgerichtsrat am Landgericht Nürnberg-Fürth gewesen sei.

Herr Koch wollte dann wissen, warum der Vorsitzende des Personalrates damals in das Bundeswirtschaftsministerium eingetreten sei. Der Vorsitzende des Personalrates erklärte ihm hierzu, daß er neben seiner juristischen Vorbildung auch die Diplomprüfung für Volkswirte mit der Note »ausgezeichnet« abgelegt habe. Beamte mit Doppelstudium seien damals und auch heute noch im Staatsdienst selten.

Seinerzeit habe es nur zwei Beamte dieser Art im Bundeswirtschaftsministerium gegeben. Herr Koch zeigte sich überrascht, daß der Vorsitzende des Personalrates immer nur Beamter und niemals Angestellter gewesen sei. Herr Koch wünschte dann noch zu wissen, wie der Vorsitzende des Personalrates auf die Probleme der Modernisierung und Reorganisation gestoßen sei. Er wurde dahin unterrichtet, daß dies durch die ÖTV geschehen sei, insbesondere durch den Arbeitskreis für »Verwaltungsreform und Verwaltungsforschung« in der ÖTV, dessen Vorsitz Dr. Seemann geführt habe. Wie ihm sicher bekannt sei, wäre bereits der erste Vortrag von Herrn Dr. Seemann im Arbeitskreis auszugsweise auf einer ganzen Seite in der »Welt« erschienen.

Herr Koch fragte dann die anwesenden Personalratsmitglieder, ob sie sonst nichts für ihn hätten, insbesondere Personalien, Personalpolitik im Bundeskanzleramt, Skandale etc.

Dies würde verneint. Der Vorsitzende des Personalrates erklärte Herrn Koch, daß der Personalrat in Personalfragen der gesetzlichen Schweigepflicht unterliegen würde, von der ihn auch Bundesminister Ehmke nicht entbinden könne. Soweit aber sonst etwas vorliegen würde, was sich zur Veröffentlichung eigne, würde er selbst hierüber

schreiben.
Daraufhin bemerkte Herr Koch: »Hoffentlich wird das auch gedruckt.«
Der Vorsitzende des Personalrates verwies darauf, daß er mit ca. 50 Publikationen immerhin hinsichtlich der Zahl der Publikationen die Liste der Beamten im Bundeskanzleramt anführe. Laut »Bonner Rundschau« vom Samstag, den 13. März 1971, »Bücher-Macher in der Machtzentrale am Rhein von der Muse geküßt« gehöre Herr Bundesminister Ehmke zu seinen prominentesten Lesern. Als der Vorsitzende des Personalrates Herrn Koch ein Exemplar seiner in der »Bonner Rundschau« zitierten Studie »Neue integrierte Managementsysteme in Regierung und Verwaltung« übergab, meinte Herr Koch, daß ihm diese Studie bekannt sei. Herr Koch zeigte sich auch darüber unterrichtet, daß sich die interministerielle Projektgruppe für die Reform der Struktur von Bundesregierung und Bundesverwaltung beim Bundesministerium des Innern seit kurzem mit dem in dieser Schrift abgehandelten schwedischen Programm-Budgetering befaßt.
Abschließend erkundigte sich Herr Koch nach dem Alter des Vorsitzenden, das mit 46 Jahre angegeben wurde, und verabschiedete sich.«
Die anschließende Beratung ergab, daß das Hauptkonzept des Interviewers, ein Vier-Augen-Gespräch mit dem Personalratsvorsitzenden über Personalien zu führen, von vornherein gescheitert sei. Da Koch offensichtlich in der Frage der Problematik einer Personalvertretung völlig unvorbereitet gewesen war, mußte er etwas anderes im Schilde geführt haben.
Der weiteren Stichworte waren, wie unsere Analyse ergab, drei. Ich sollte zum »Vertrauensmann« des CDU-Abgeordneten Windelen abgestempelt werden, damit die Unparteilichkeit meiner Amtsführung in Zweifel gezogen werden konnte. Ferner sollten meine Handlungen als Personalrats-

vorsitzender sozusagen als Racheakt dargestellt werden mit der Begründung, daß meine Karriere als Beamter unter der sozial-liberalen Koalition beeinträchtigt worden war. Schließlich sollte ich allgemein als Querulant charakterisiert werden, der bisher mit allen Amtsleitungen in Fehde gelegen hatte, so daß auch eine Fehde mit Ehmke nur eine logische Fortsetzung des bisherigen Querulantentums sein konnte.

Wir konnten also auf den Artikel gespannt sein. Als am darauffolgenden Montag im »Spiegel« kein Hinweis auf das Interview erfolgte, teilte Herr Winkel Personalratsmitgliedern auf Befragen mit, daß erst am darauffolgenden Montag ein Artikel im »Spiegel« erscheinen würde.

Der am 26. April 1971 im »Spiegel« erschienene Artikel »Seemann – der göttliche Heilsplan« enthielt lediglich Verleumdungen und Diffamierungen des Vorsitzenden des Personalrats im Bundeskanzleramt. Der Zweck dieses Artikels bestand nach einhelliger Meinung des Personalrats offensichtlich darin, den amtierenden Personalrat des Bundeskanzleramtes in der Person seines Vorsitzenden zu treffen und dessen Stellung zu untergraben. Darüber hinaus bedeutete er auch eine Beleidigung der Amtsangehörigen des Bundeskanzleramtes und des Personalrates, die mich damals zweimal mit überwältigender Mehrheit zum Vorsitzenden des Personalrates gewählt hatten.

Dies war eine neue Variante, die im Kampf um die Organisationsmacht zwischen Amtsleitung und Personalrat eingeführt wurde. Der unbequeme Personalratsvorsitzende sollte in den Augen der Öffentlichkeit sozusagen als »Querulant von Bonn« unmöglich gemacht werden. Offensichtlich versprachen sich die Hintermänner des »Spiegels« – sein Chefredakteur Gaus wurde später Staatssekretär im Bundeskanzleramt – eine durchschlagende Wirkung, da Beamte ja ungern im Rampenlicht der Öffentlichkeit stehen und schon gar nicht mit negativer Beleuchtung.

Darüber hinaus steckte in dieser »Spiegel«-Affäre mehr als nur ein Ausfluß von persönlichen Verunglimpfungen eines Personalratsmitgliedes, nämlich eine unzulässige Einmischung des Nachrichtenmagazins in behördeninterne Mitbestimmungsprozesse, welche eine grundsätzliche politische Bedeutung hatte. Der Personalrat des Bundeskanzleramtes beschloß daher am 26. Mai 1971 eine Resolution, die von allen Personalratsmitgliedern unterschrieben wurde, mit folgendem Wortlaut:

»Der Personalrat des Bundeskanzleramtes hat dem Redakteur des Nachrichtenmagazins »Der Spiegel«, Dirk Koch, nachdem dieser bei der Amtsleitung des Bundeskanzleramtes, vertreten durch den zuständigen Pressereferenten, Regierungsdirektor Winkel, am 14.4.1971 um die Erlaubnis zu einem Interview mit der Personalvertretung des Bundeskanzleramtes nachgesucht und diese erhalten hatte, am 15.4.1971 ein Interview gewährt, dessen Verlauf im beigefügten Vermerk festgehalten ist.« . . . .

»Soweit in diesen Artikeln persönliche Angriffe enthalten sind, kann ausgehend von dem Rousseau-Spruch: 'Beleidigungen sind die Argumente derer, die unrecht haben.' nach dem Grundsatz verfahren werden: 'Laßt die Hunde bellen, die Karawane zieht weiter.'

Dies kann aber aus grundsätzlichen Erwägungen heraus nicht für die Institution der Personalvertretung als solche gelten, soweit lebenswichtige Interessen berührt werden. Diese liegen in einem politischen Mißbrauch des Personalrates. Dies ist insbesondere beim Spiegelinterview insoweit der Fall gewesen, als hier nach einhelliger Auffassung des Personalrates die Absicht der Spiegelredaktion klar zutage trat, die Personalvertretung des Bundeskanzleramtes als Instrument der Parteipolitik abzustempeln, ihre Tätigkeit als parteipolitisch motiviert darzustellen, und damit der Personalvertretung sachfremde Erwägungen und insoweit auch Pflichtverletzungen zu unterschieben. Der Personalrat erblickt hierin einen bemerkenswerten Präzedenzfall, der für alle Personalvertretungen bedeutsam werden kann.

Wenn auch ein Vergleich zwischen den vorpräparierten Stichworten und den Fragestellungen des Spiegelredakteurs Dirk Koch mit dem endgültigen literarischen Produkt »Seemann – Göttlicher Heilsplan« im Spiegel Nr. 18 vom 26. April 1971 ergibt, daß der von der Spiegelredaktion gedachte Verlauf des Interviews nicht eingetreten ist, so möchte der Personalrat des Bundeskanzleramtes rechtzeitig vor derartigen Bestrebungen, die Schule machen können, warnen. Sollten derartigen Tendenzen, die Personalvertretungen in die Politik der politischen Parteien einzubeziehen, Erfolge haben, so würden die Grundprinzipien des Mitbestimmungsrechtes in ihren Wurzeln getroffen. Die Folgen wären unabsehbar. Das Endergebnis würde dann in einem mit der jeweiligen Amtsleitung politisch gleichgeschalteten Personalrat bestehen, da nur so eine vertrauensvolle Zusammenarbeit gewährleistet wäre. Wahlen zur Personalvertretung müßten dann den Charakter parteipolitischer Wahlen annehmen. Jede Handlung der Personalvertretung zur Durchsetzung der Mitbestimmung, d.h. soziologisch zur Teilnahme an den Herrschaftsfunktionen der Amtsleitung, würde von vornherein einen parteipolitischen Akzent erhalten. Für die wichtigen Funktionen, die heute im Rahmen der Mitbestimmung den Gewerkschaften und anderen Verbänden zukommen, wäre dann von vornherein kein Raum mehr. Eine derartige Entwicklung sollte in einer Epoche, die sich mit dem Problem einer erweiterten Mitbestimmung konfrontiert sieht, von vornherein unterbunden werden.

Der Personalrat des Bundeskanzleramtes verurteilt daher alle Bestrebungen zu einem politischen Mißbrauch der Personalvertretungen, von welcher Seite sie auch kommen mögen, und weist sie zurück.

Mitbestimmung und Personalvertretungsrecht sind von ihrem Wesen her als Interessenvertretung der Bediensteten zu verstehen (Wahrnehmung der sozialen und persönlichen Belange der Bediensteten), in der die Politik politischer Parteien nichts zu bestellen hat. Mitbestimmung und Personalvertretungsrecht zum Objekt politischer Parteien zu machen, bedeutet eine Zweckentfremdung und Denaturierung des Mitbestimmungsgedankens.

Der Personalrat des Bundeskanzleramtes fordert daher alle Gewerkschaften im Sinne des Personalvertretungsgesetzes, alle Personalvertretungen im öffentlichen Dienst und alle Freunde der Mitbestimmung auf, derartigen Versuchen mit allen zur Verfügung stehenden und geeigneten Mitteln entgegenzutreten.«

Diese Resolution wurde an alle Gewerkschaften und Beamtenverbände verschickt. Als die Spiegelredaktion von dieser Resolution Wind bekam, waren tagelang Bataillone von Spiegelredakteuren auf den Beinen, um ein solches Exemplar der Resolution zu beschaffen, bis der »Spiegel« es endlich von der ÖTV in Stuttgart erhielt. Der »Spiegel«, der doch sonst aus einer Mücke einen Elefanten zu machen pflegte, schwieg; die Redaktionen der Konkurrenzblätter, die nach und nach ebenfalls in den Besitz des Textes kamen, schmunzelten.

Nach diesem »Spiegel-Interview« war die Stellung des Personalrates in der Machtverteilung des Amtes als Institution fest etabliert. Es begann dann allerdings mit den Personalratswahlen vom April 1973 jener Zeitabschnitt, in welchem parteipolitische Gesichtspunkte in die Personalratswahl hineingetragen wurden und deren Ausgang mit parteipolitischer Fraktionsbildung endete, meiner Ansicht nach eine Zweckentfremdung und Denaturierung des Mitbestimmungsgedankens, der leicht zu mißbräuchlicher Handhabung führen kann.

Dieser von mir geschilderte Kampf des Personalrates im Bundeskanzleramt um seine Anerkennung als Institution innerhalb der Machtverteilung der Behörde ist kein Einzelfall, wie ich aus vielen Gesprächen mit anderen Personalratsmitgliedern weiß. Mancher Kollege in anderen Personalräten ist bei solchen Machtkämpfen dem auf ihm lastenden Druck erlegen und hat kapituliert.

Mancher hat die seelischen Belastungen durchgestanden. Alle Personalratskollegen, die sich mit mir beraten haben und denen ich Mut zugesprochen habe, habe ich auf die Worte des Senators William Pitt Fessenden vom Staate Maine aus dem Jahre 1866 hingewiesen, mit denen John F. Kennedy sein berühmtes Buch »Zivilcourage (Profiles in Courage)« schließt und die ich für ehrenwerte Personalratsmitglieder ebenfalls sinngemäß für anwendbar halte:

> »Herr Präsident, wenn jemand Mitglied dieses Hohen Hauses wird, läßt er sich nichts von den schweren Prüfungen träumen, denen er sich unweigerlich damit aussetzt:
> Wieviel Standhaftigkeit er braucht, um den Verlockungen zu widerstehen, die täglich auf ihn eindringen;
> wie er lernen muß, seine Empfindlichkeit zu beherrschen, wenn unverdienter Tadel ihn verletzt;
> wie er immer wieder in seiner Seele den Kampf zwischen dem natürlichen Bedürfnis nach öffentlicher Anerkennung und seinem Pflicht-

Entzaubertes Bundeskanzleramt

gefühl gegenüber der Allgemeinheit austragen muß;
wie schwer die Last der Ungerechtigkeiten ist, die er selbst von jenen zu ertragen hat, die ihm Freund sein sollten;
die Verdächtigungen seiner Beweggründe;
den Hohn und Spott der Unwissenheit und der Bosheit;
all den Schimpf, den enttäuschte parteiische oder persönliche Böswilligkeit auf sein ungeschütztes Haupt häufen. All das, Herr Präsident, muß er, wenn er sich treu bleiben will, unerschüttert ertragen lernen und standhaft weiter seiner Pflicht folgen. Ihm hilft dabei nur der Gedanke, daß ihn die Zeit rechtfertigen werde. Und selbst wenn dies nicht eintrifft, wird er sich damit zufriedengeben, daß all sein Hoffen und Streben, ja sogar sein Ruf nicht in Gewicht fallen gegenüber der Wohlfahrt des Volkes, dessen Schicksal stets zu bewachen und zu verteidigen seine Aufgabe ist.«

Register

A
Adenauer, Konrad 17, 18, 53, 105
Argyris, Chris 189
Arndt, Dr. 95 f, 97, 98, 99

B
Baader, Andreas 173
Bahr, Egon 107
Bebel, August 14
Beck, Ludwig 64
Benda, Ernst 95
Birkelbach 142
Brandt, Willy 14 f, 17, 21, 32 ff, 53 f, 63 f, 74, 81, 83, 85 ff, 95 f, 98 ff, 103, 105 f, 147, 149, 151 f, 159 f, 164
Burglin, H. 182

C
Canaris 158 f
Carstens, Dr. 28, 30 f, 35, 95, 160, 202 f

D
Dimpker 122 f
Dolezik 197
Dregger, Dr. 171
Drenkmann, Günter von 164
Dreyfus 91
Drucker, Peter F. 74, 187

E
Ehmke, Horst 17, 33 ff, 44 ff, 52 f, 86 f, 91, 98 ff, 105, 108 f, 117 ff, 131, 133 ff, 140 ff, 146 f, 153 f, 159, 192 f, 195 ff, 200, 207 ff
Ehrenberg, Dr. 89 ff, 107, 115 ff, 131, 136, 147
Engelsberger 86
Erhard, Ludwig 13 ff, 19 f, 28

F
Fessenden, William Pitt 212
Friedrich der Große 11 f, 23, 179, 191

G
Grabert, Horst 53, 91
Gagern, Freiherr von 81
Gaus, Günter 209
Geldermann, Saul W. 189
Genscher, Hans-Dietrich 91, 95, 100, 149 f, 159
Gewandt 160
Globke, Hans 17 f, 125
Gregor Mc 36 f, 68, 79
Grünewald 136
Guillaume, Christel 84, 124, 137 f, 142
Guillaume, Günter 83 ff, 108 f, 115 ff, 129 ff, 153 ff, 201

H
Hartkopf Dr., Günter 55
Heilbrunn, Otto 164, 171, 179 f
Helbig 88
Hirsch, Dr. 96 ff
Hopf Dr., Volkmar 21 f, 27

J
Jackson, Andrew 35, 123 f
Jahn, Gerhard 160 f
Jay, Antony 187
Jochimsen 205 f
Jominis 23 f

K
Kern, Dr. 119 f, 124
Kiesinger, Kurt Georg 14, 21 ff, 37, 45, 95
Kirst 96
Knieper Dr., Werner 23, 27 ff, 203
Koch, Dirk 195 ff
Kreisky, Bruno 89
Krone Dr., Heinrich 8, 206

L
Leber, Georg 117, 139, 142 f, 204
Lemberg, Eugen 36
Lorenz, Peter 163 ff, 169, 178 f
Ludwig XIV 25

M
Maihofer, Dr. Prof. 163 f, 168, 171
Mao Tse-tung 169, 174, 176 f
Marighella, Carlos 177
Marmont 161 f
Maslow 68
Meinhof, Ulrike 173
Metzger 160 f
Mirbach von, Militärattaché 167
Mitterand, François 89
Montesquieu 11, 28 f

N
Napoleon 160 ff
Nollau Dr., Günther 92, 100 f, 145

O
Ohlsson 119 f, 147
Otto, Dr. 144

P
Palme, Olof 89

R
Radke 197
Reuschenbach 148
Rommel, Erwin 12

S
Samsonow 63
Seemann, Klaus 7, 80, 132, 184, 197 ff, 201, 205 ff, 210
Sieburg, Friedrich 160
Solschenizyn, Alexander 63, 181
Sülzer 197

Sch
Schäfer, Prof. 201 f
Scheel, Walter 86, 95 f, 103, 159
Schelsky, Helmut 25, 182
Schlichter 141 f, 144 f
Schmidt, Helmut 17, 53, 63 f, 67 f, 74, 159, 170 f, 176
Schüler Dr., Manfred 63 f, 184

St
Stalin 163
Stein von, Reichsfreiherr 81

T
Thukydides 181
Toelle, Hans-Christoph 85 ff, 98, 159 f
Trotzki 163

V
Varus, Quintilius 49
Vogel, Dr. 168, 176

W
Wagner 160 f, 201
Wambach, H. 182
Wartenburg von, Y. 105
Weber, Friedrich Wilhelm 12
Wehner, Herbert 53
Wessel, Gerhard 138 ff

Westrick, Dr. 19, 202 f
Wießmann, H. 182
Wilson, Harold 89
Winkel 196 f, 200 f, 209 f
With de, Dr. 86
Wulf-Mathies Dr., M. 182

Z
Zar Peter der Erste 94
Zola, Emile 91

Bildnachweis

Hsinhua: 177
Presse- und Informationsamt der Bundesregierung: 68, 152, 178
Klaus Seemann: 7, 16, 22, 24, 30, 34, 69, 80
Sven Simon: 32, 47, 93, 145, 149, 165, 173 (oben)
Verlag Politisches Archiv GmbH: 54, 84, 90, 100, 117, 138, 150, 154, 157, 173 (unten)